侯杰朝 编著

创业开公司
低成本创业指南

化学工业出版社

·北京·

内 容 提 要

在经济发展与政策支持的大环境下，越来越多的人走上了创业道路。然而创业开公司并不是件容易的事，如何把有限的资金用在实处，如何避免创业过程中财务管理的复杂情况，都是创业者需要思考的问题。创业者在经验不足且缺乏有效指导的情况下，很容易困难重重。

《创业开公司：低成本创业指南》一书对公司的创立及发展过程进行了细致讲解。通过阅读本书，创业者能够学习到低成本运营公司的各种方法，避开公司运营中的各种陷阱，能够更加省钱、省心地运营公司。本书适合有志于自己创办公司、企业的有识之士阅读，也可供中小企业的管理者参考。

图书在版编目（CIP）数据

创业开公司：低成本创业指南 / 侯杰朝编著. —北京：化学工业出版社，2020.9
ISBN 978-7-122-37128-7

Ⅰ.①创⋯ Ⅱ.①侯⋯ Ⅲ.①创业-指南 Ⅳ.①F241.4-62

中国版本图书馆 CIP 数据核字（2020）第 092733 号

责任编辑：刘 丹　　　　　　　　　　　　美术编辑：王晓宇
责任校对：王素芹　　　　　　　　　　　　装帧设计：水长流文化

出版发行：化学工业出版社（北京市东城区青年湖南街 13 号　邮政编码 100011）
印　　装：中煤（北京）印务有限公司
710mm×1000mm　1/16　印张 13¾　字数 196 千字　2020 年 10 月北京第 1 版第 1 次印刷

购书咨询：010-64518888　　　　　　　　　　售后服务：010-64518899
网　　址：http://www.cip.com.cn
凡购买本书，如有缺损质量问题，本社销售中心负责调换。

定　　价：56.00 元　　　　　　　　　　　　　　　　版权所有　违者必究

从决定创业的那一刻起,创业者即面临公司注册、记账报税、场地租赁、公司设计、产品营销、人力资源等诸多难题。创业者一般要渡过18个月以上的生存期,在生存期内缺钱是一种常态,"活下去"是第一要务。

如何平稳地度过这18个月是创业者需要思考并解决的重要问题。创业者需要思考的关键问题有:如何做好财务管理,如何让自己以有限的资金支撑公司平稳度过创立前期。如果公司的资金出现了问题,这次创业很可能会失败。因为账期等原因,应收账款无法立即转为现金流,这意味着创业者可能无法保证在18个月内实现自给自足。创业者需要仔细思考公司创业过程中的场地、人力资源、业务运作、资金管理等各方面的问题。只有规划好公司的资金使用问题,公司才能够"活下去"。

为了节省时间,创业者可以直接选择代理注册公司完成公司注册;为了节省开支,可以不请专业财务人员,而是选择代理记账公司管理公司财务。这时,创业者就像一个救火队长,哪里有问题就去哪里。

本书除了讲解低成本创业的一些方法,还讲解了许多创业过程中需要规避的风险。笔者拥有较丰富的创业经验,见证过近百位创业者或成功或失败的创业经历,力图描述一个真实的创业场景,将创业过程中可能存在的困难一一排除,帮助创业者解决公司发展过程中可能出现的问题。同时,书中包含大量案例,可以帮助创业者更好地学习创业知识。

由于笔者学识所限,书中难免有疏漏之处,恳请读者批评指正。

编著者

目录

运营篇

第1章 多快好省：如何在成立公司时节省资金 002
   1.1 公司注册找代理注册机构 002
   1.2 财务找代理记账机构 005
   1.3 场地：非中心/租工位/远程办公 007
   1.4 办公租房：如何议价，如何签年限 008
   1.5 办公用品/设备：二手/租 011

第2章 收割流量：如何快速从行业"小白"到高手 013
   2.1 流量入口：无社群，不社交 013
   2.2 建联盟：聚集更多流量 015
   2.3 去对方公司拜访 017
   2.4 组织行业聚会 019
   2.5 三盯：盯同行、盯伙伴、盯上游 022

第3章 模仿式创新：如何寻找客户，如何见想见的人 026
   3.1 深坑：有桥不走，摸石头过河 026
   3.2 模仿同行：如何有逻辑地研究同行 027
   3.3 引荐：以信任为媒，以情感为线 029
   3.4 你与关键客户之间差了六个人 031
   3.5 大网络渠道 032

第4章 新公司法则：如何做新公司与老公司差异化 034
   4.1 没有所谓的事实，认知即事实 034

4.2 品类：新物种的起源 035
4.3 变异：差异化定位 036
4.4 创新品类：重新定义细分领域 038
4.5 语言钉：一词定位，占据第一 042
4.6 视觉锤：视觉鲜明，极简锚定 043

第 5 章 产品轻奢化：挖掘价值洼地，给出高价的道理 046
5.1 建立产品认知 046
5.2 相对价格很贵，绝对价格却不高 048
5.3 比普通更讲究，比奢华更自由 049
5.4 情怀加身，产品IP化 050
5.5 讲价值，不如讲故事 053
5.6 品牌溢价，让客户为价值买单 057

第 6 章 信任营销：使产品快速让客户接受的方法 060
6.1 西纳特拉测试：展示产品在某些极端情景下的性能 060
6.2 可见效应：逆向运用可获得性偏见 062
6.3 体验至上：让客户身临其境 063
6.4 价格标签：以质量为先导 064
6.5 产地标签：突出其独特性 065
6.6 逆向营销：技巧性的坦诚更易获得信任 067
6.7 权威力量：用背书传递信任 068

第 7 章 财务关键词：亏的明白，赚的清楚 070
7.1 权责发生制 070
7.2 应付账款、应收账款 071
7.3 应付与应收账款周转天数 072
7.4 资本支出、资本成本 073
7.5 成本收益分析、流动比率 075
7.6 直接成本、间接成本、固定成本 075
7.7 财务杠杆、投资资本、实缴股本 076

7.8	财务报表、资产负债表、现金流量表、损益表	078
7.9	资产周转率、账面价值、预算编制	083
7.10	销售毛利、成本、经济增加值	085
7.11	固定资产、流动资产	086
7.12	销售回报率、资产回报率、投资回报率	088

第8章 合理节税：不偷税、不漏税的节税方法 091

8.1	技术入股节税法、电子商务省税法	091
8.2	租赁办公场地节税法	093
8.3	不发补贴发双薪节税法	094
8.4	重设流程节税法、先分后卖节税法	095
8.5	合同不可轻易作废	097
8.6	公益捐赠节税法、意外损失可节税	098
8.7	适用税率看进项	101
8.8	预收账款是否要缴税	103
8.9	坏账可纳入支出成本	104
8.10	多拿进项多抵扣、赠送礼品有技巧	105
8.11	财务离职，按时申报	108
8.12	多沟通，可减少罚款的可能性	109

》》》 管理篇

第9章 招聘：如何做傻瓜化招聘 112

9.1	选规模大、专业型招聘网站	112
9.2	如何激发员工自主推荐人才	113
9.3	岗位内容描述，找到适合的应聘者	116
9.4	快速筛选简历	119
9.5	面试问题设计方法	123
9.6	初试、复试流程	126

9.7	面试者筛选	127
9.8	面试者期望值过高处理办法	129
9.9	入职协议与劳务合同签订	130

第10章 培训考核：提升复制力，考核数据化 138

10.1	知识性培训	138
10.2	快速熟悉工作流程	140
10.3	淘汰机制	142
10.4	目标管理法	144
10.5	MBO培训考核法	147
10.6	行为锚定考核法	148
10.7	KPI考核法	150
10.8	如何利用平衡计分卡进行考核	151
10.9	员工培训效果评估表模板	154
10.10	绩效考核	157

第11章 薪酬激励：提升效率，加强竞争 160

11.1	薪资构成	160
11.2	工资制度设计+级差薪资	163
11.3	激励机制	168
11.4	涨薪幅度设置	171
11.5	如何对待特殊人才	172
11.6	中长期激励	175
11.7	薪酬争议处理	178

第12章 离职交接：规避风险，减少冲突 181

12.1	离职的流程设计	181
12.2	员工离职要三不：不批评、不指责、不计较	183
12.3	为什么说员工离职，至少在30天前提出	184
12.4	已批准离职的员工，如何管理到最后一天	185
12.5	仅仅交接工作，就批准离职的5种风险	187

12.6	跳槽型离职员工的处理办法	188
12.7	事假型离职员工的处理办法	190
12.8	创业型离职员工的处理办法	191
12.9	不辞而别员工的解决办法	192
12.10	带业务离职员工的解决办法	193

第13章 现金流管理：死亡螺旋时的解决办法 ... 195

13.1	死亡螺旋：一月不如一月，进入死亡的下旋	195
13.2	警戒线、生存线、死亡线	196
13.3	压缩固定成本，减少浮动成本	199
13.4	钱是算出来的，每天与自己算账	200
13.5	加强公司现金流管理	203

附录 ... 206

附录1	《中华人民共和国公司法》核心摘要	206
附录2	《中华人民共和国劳动合同法》核心摘要	207
附录3	《中华人民共和国合同法》核心摘要	209
附录4	《中华人民共和国税收征收管理法》核心摘要	211

运营篇

第1章

多快好省：如何在成立公司时节省资金

创业之初，资金和时间的平衡是初创公司面临的首要问题。怎样把握时间，通过何种方法来实现二者的平衡，是创业者必须掌握的技能。

创业者除了要分析行业内的具体情况，还要处理公司注册、人员聘请、场地选择及租赁、办公设备的购置等一系列问题。创业者不仅要学会用时间换金钱，还要学会借用助力，如借助代理机构来帮公司处理一些琐碎事务，降低时间成本。

1.1 公司注册找代理注册机构

在大众创业的时代，创业者都想拥有属于自己的公司。但是，在大多数创业者都没有创业经验、不了解公司注册流程的情况下，寻找代理注册机构来完成公司注册是一个很好的选择。

相关数据统计，创业者自己向工商局申请注册的驳回率超过60%，其中多数驳回的原因为资料不齐。由于创业者对相关政策不熟悉，即使重新整理材料再次办理，驳回率仍旧很高。这时就显示出了代理注册机构的优势：节约创业者的时间和精力，且办理速度快、效率高。

但是任何事物都有两面性，在看到代理注册机构这些优点的同时，创业者也应该了解一些可能出现的陷阱。

> 小张准备开公司，为了节省时间，她通过网站、朋友推荐等多种途径，最终选择了一家看起来比较靠谱、费用较低的代理注册机构。在确定合作时，代理注册机构对于一些费用的问题与小张达成了口头约定。
>
> 但是，在实际注册过程中，代理注册机构又以各种名目要求小张缴纳费用。在小张打算取消与这家代理注册机构的合作时，业务人员又以各种理由进行要挟，导致小张不得不继续和这家代理注册机构合作。结果，小张不仅多花了很多冤枉钱，还耽误了时间。

创业者在选择代理注册机构时一定要小心谨慎，不要选择以下这几种机构。

（1）无证经营的机构

虽然创业者可以从网上查到代理注册机构的详细信息，但是创业者仍需要提高警惕，因为看到的信息未必是真实的。一旦创业者选择了无证经营的机构，就会存在一定的风险。

（2）服务态度差的机构

有些代理注册机构签合同前与签合同后态度迥异，这样的机构在业务办理过程中，如果资料出现问题需要修改，他们很可能找各种理由拒绝。因此，服务态度差的代理注册机构也会给公司注册带来阻碍。

（3）偷工减料的机构

由于创业者对具体注册流程不熟悉，如果代理注册机构在业务办理的过程中偷工减料，交易完成后可能会遗留很多问题。

（4）巧立名目乱收费的机构

这类代理注册机构前期服务堪称完美，但是在创业者缴纳相关费用后，他们会以各种名目再次收取费用，一旦不缴就会拖延时间。

（5）夸大宣传、不计后果的机构

这类代理注册机构通常以费用低来吸引创业者，缴费之后，很可能会出现办理进度慢的情况。创业者如果发现代理注册机构费用特别低，一定要慎重选择。

为了避开这些陷阱，创业者在选择代理注册机构时要擦亮眼睛。笔者认为，创业者可以从以下几个角度去分析。

① 创业者应该了解代理注册机构是否正规。创业者可以要求查看代理注册机构的营业执照及相关的资质证书，通过这些信息在相关网站上查询。一般情况下，正规的代理注册机构在营业范围里面都有一个"公司登记代理"的项目。

② 创业者可以通过实地考察来了解代理注册机构的工作条件及规模等信息，再与自己之前了解的信息进行比对，分析相关信息的真实性。

③ 创业者可以应用SWOT分析法。创业者可以通过SWOT分析法比较这些代理注册机构，然后择优选择。在SWOT分析法中，S（Strengths）为优势、W（Weaknesses）为劣势、O（Opportunities）为机会、T（Threats）为威胁。创业者通过分析代理注册机构的这4个方面，可准确找出最优的代理注册机构。

④ 创业者要关注代理注册机构的办事效率。在快节奏的今天，办事效率非常重要，而代理注册机构的效率与其实力紧密相关。通常，代理注册机构实力越强，其效率就越高。

⑤ 创业者需要咨询清楚代理注册机构能否提供后续服务。公司注册仅仅是一个开始，之后还会涉及各种事务，能力较弱的代理注册机构无法提供其他事务的专业支持。一个优质的代理注册机构可以给创业者提供很大的帮助，所以创业者要仔细筛选。

⑥ 创业者要注意代理机构的口碑。创业者可以通过网络搜索来了解，

同时也可以询问一些该代理注册机构服务过的客户，实际了解代理注册机构的口碑。如果是负面新闻较多的代理注册机构，创业者可以选择直接忽略。

1.2　财务找代理记账机构

> 上海的创业者刘女士为了降低公司的成本，计划与代理记账机构合作。由于签订的合同各项条款都很清晰，刘女士便选择了这家机构。刚开始合作时，公司的各项业务都很正常，但是刚过一年，刘女士的公司突然不能进行正常的报税工作，而问题的根源是公司因为财务问题被税务局拉进了黑名单。
>
> 刘女士与代理记账机构签订的合同里明确规定，在代理记账期间刘女士公司出现的报税问题由代理记账机构承担责任。但是，实际上代理机构并没有对这个问题负责。经过调查，刘女士发现这家代理记账机构虽然表面看起来规模较大，但是公司里很多财务人员都是一些拿到了会计证但没有实际经验的新手。

上述案例属于创业者与代理记账机构的合作问题。为了避免合作出现问题，创业者一定要提前调查代理记账机构，明确其资质与实力。在签订合同前，一定要清楚各项具体条款，并确认相关条款的具体赔付方式，避免纠纷发生后无人负责。

公司开业后，即使没有业务，税务部门也需要每个月报税。刚成立的公司一般都人手不足，所以寻找代理记账机构是一种解决人手不足和减少支出的有效方法。

初创公司找代理记账机构的第一个好处就是省钱。通常，代理记账机构所需费用并不高，多数情况下，全年的代理费加起来相当于一个全职资深财务人员一个月的工资。从这个角度来说，初创公司能省下一大笔费用。

初创公司找代理记账机构的第二个好处是省力。一直以来，财务人员的流动性都比较大，初创公司选择代理记账机构，对方会按照相关协议提供记账、报税服务，减轻了初创公司的压力。但是，为了避免出现刘女士遭遇的那种情况，在选择代理记账机构时，创业者要注意以下几点。

（1）营业执照

营业执照是考察代理记账机构是否合格的最重要的一点。一个正规的代理记账机构必须具备由属地财政局审批的代理记账资格许可证书和市场监督管理局所颁发的营业执照。

（2）实地办公环境

专业的财务代理记账机构都拥有固定的办公场地以及完备的硬件设施。如果财务代理记账机构连一个正规的场地都没有，自然也就没有完备的硬件设施来保证服务质量。

（3）了解会计的专业水平

一般情况下，财务代理记账机构的会计必须具备会计师资格证，而且具有极高的职业素养。

（4）价格

创业者在选择的过程中会发现不同代理记账机构的收费存在一定差异，创业者一定要认真分析、比较不同代理记账机构之间的收费差异，选择性价比最优的代理记账机构。

很多创业者为了节约成本，往往会被一些打着"低价代理"的财务代理记账机构所吸引。但之后因服务质量较差，可能会导致公司的财务出现问题，这是创业者在选择代理记账机构时需要避免的误区。

1.3 场地：非中心/租工位/远程办公

对于初创公司办公场地的选择，非中心、租工位以及远程办公都属于轻资产运营模式的场地类型，可以列入创业者的考虑范围。非中心、租工位以及远程办公这三者最大的优势就是节省成本，但是具体选择哪种方式，创业者要根据自己的实际情况进行判断。

（1）公司项目

创业者所选择的创业项目不同，对交通方面的要求也会有所不同。所以，创业者要根据不同项目对工作场地的需求情况来进行判断。

（2）公司所能承担的场地费用

在选择场地的过程中，创业者必须提前评估公司的财产状况。如果公司的现有流动资金不能支撑场地的费用，而创业项目正好适合远程办公这种方式，则创业者可以考虑使用远程办公的方式来工作。

（3）公司的人员数量

创业者在选择办公场地的过程中，要注意所选场地的大小是否能够容纳公司当前的员工数量，以及公司扩张后的员工数量。

（4）所选场地的附近环境

创业者必须注意所选场地附近的交通是否便利，以及附近的商铺等是否能够满足员工的餐饮需要。一般情况下，创业者所选的办公场地需交通便利，其他的一些需求就需要创业者视自身情况而定。

> 创业之初，创业者小尚将公司的办公场地选在一家非市中心的写字楼里，当时选择这里的目的是节约成本。但是，随着公司的发展、业务量的增加以及员工数量的增加，办公场地已经不能满足公司发展的需要。

这是因为小尚在选择办公场地时只考虑了当时公司的财务状况，却没有考虑公司未来的发展预期。后续办公场地的更换给小尚带来了很大的麻烦。所以，在选择办公场地时，创业者还要考虑办公场地的灵活性。

以上是在办公场地选择的过程中创业者需要注意的问题。随着时代的发展，社会上已经有很多解决创业者高租赁费用问题的产物出现，比如孵化器、共享办公等。联合办公场地就是一个不错的选择，这些地方除了具有场地费用较低的优势之外，还可以进行一些设备的共享，解决了创业者在创业初期资金短缺的问题。

1.4 办公租房：如何议价，如何签年限

一般情况下，创业者都是选择租赁办公场地，这时就需要签订房屋租赁合同。创业者不仅要考虑如何通过议价将成本降到最低，还要结合公司的发展计划考虑合同签订的年限。另外，考虑到可靠性及便利性，创业者可以通过知名房产中介来完成场地租赁事宜。

在议价过程中，创业者要注意两点：一是创业者在确定好几个备选场地后，一定要"货比三家"，分析各个办公场地的优势及价格，确定最优性价比的办公场地；二是创业者要主动出击，自己出价，提前找出降价的理由，然后用自己的方法引导房主。

当议价流程完成后，创业者就要考虑合同的签订问题。对于签订房屋租赁合同，创业者需要注意哪些问题？

① 签订合同前，创业者需要确认房主出租房源的合法性，如产权证明等相关证明文件。

② 签订合同时，一般是缴纳三个月的租金和一个月的保证金。

③ 如需将承租的写字楼作为公司注册地址，应提前咨询房主是否能够

提供相关材料办理营业执照。

④ 租赁合同是一份详细的租赁协议,包括租用单位、价格、租用期限等事项,需双方单位盖章签字才可生效。

⑤ 创业者需要对合同中带数字或与钱相关的事项严谨对待,如有不实内容,需要与房主进行协调。

同时,创业者需要注意,租房通常需要签订租期为一年或一年以上的合同。创业者应该仔细斟酌合同内容,如果协议内容需要补充,一定要在合同签订之前与房主协商好。除此之外,创业者还需要注意一些细节问题,如物业费、取暖费等。

> 创业者刘先生通过房产中介租了一套办公室,经置业顾问的协助,他与房主愉快地签订了租房合同,但是在签订合同的一周之后,写字楼的物业负责人要求刘先生缴纳此前该办公室拖欠的物业费7200元。
>
> 于是,刘先生打电话询问房主,房主以各种理由推诿,但是物业人员一直催促刘先生缴纳这笔费用,否则停电处理,刘先生无奈与房主沟通多次,房主才缴纳了这笔费用。

为避免以上案例中的问题,创业者一定要仔细确认房屋租赁合同的完整性。房屋租赁合同的内容主要包括以下几个方面。

(1) 双方当事人的情况

房屋租赁合同中应该明确写出创业者和房主的姓名、联系电话等个人信息。

(2) 房屋具体情况

房屋租赁合同要写明房屋的确切位置,要具体到某路某号某室、房屋占地面积、房屋装修情况,如房屋的墙壁、门窗、厨房和卫生间等;简要列出房主为创业者准备的设施，例如沙发、家电等。另外，合同中还应写明房屋为何种产权，产权人是谁。

（3）租赁期限

如果创业者打算长期租赁房屋，为求稳定可以在合同中约定期限。

一般来说，在期限内，房主不可擅自收回房屋，创业者也不能解除合同转而租赁别的房屋。同时，租赁合同到期后，创业者也要将房屋退还给出租人。如果创业者想继续租赁这套房屋，可以提前通知房主。经双方协商后，创业者可继续租赁这套房屋。

（4）房租及支付方式

房屋租金由创业者和房主协商决定，租金的付款方式分为年付、半年付和季付。虽然选择年付的方式可能会为创业者争取到一些优惠，但从减轻创业者压力的角度来说，按月付或季付的付款方式更适合创业者。

（5）房屋修缮责任

出租人是房屋的产权人或产权人的委托人，因此，修缮房屋应由房主负责。创业者在租赁前一定要仔细检查房屋及其内部设施，确保今后能够正常使用。在正常使用过程中出现设施损坏情况时，创业者应及时与房主沟通并请物业来维修。如设施损坏是由创业者操作不当造成的，创业者需要负责维修。

（6）房屋状况变更

对于房屋和设施，创业者无权进行拆、改、扩建等。如需要对房屋进行改动，创业者需要征得房主同意并签订书面协议。

（7）违约责任

在签订合同前，创业者要在合同中将各种可能产生的违反合同的行为一一列举出来，并规定相应的惩罚办法。如果房主未按约定配备家具，创业者可以与房主协商降低房租。

（8）租赁合同的变更和终止

如果在租赁过程中创业者和房主都想要改变合同上的各项条款，如租赁期限、租金等，双方可以在协商后进行变更。如果合同未到期时创业者想要提前解除合同，需要提前通知房主，然后按照合同约定或协商给予对方补偿。如果合同到期，则该合同自然终止。

以上关于房屋租赁合同的相关事项创业者一定要清楚，了解这些事项能防止创业者在租房时掉进陷阱，产生不必要的损失。

1.5 办公用品/设备：二手/租

> 上海一家初创公司在成立之初购买了40台高配置的台式新电脑，花费22.2万元。10个月后，公司因资金链断裂而倒闭，这些电脑最终以5.2万元的价格卖给电脑回收公司。

初创公司使用电脑的人员多为营销人员，对电脑配置要求并不高。如果仅以满足员工工作需要为前提，公司可以选择购买二手电脑或是租赁，这样可以将一年内的成本均控制在5万元以下。

对于创业者来说，资金是首要问题，如果将过多的资金用于前期办公设备的采购，昂贵的机器设备将占用公司大部分的流动资金，让创业者无法将更多的资金用于公司的主营业务。所以，选择租赁或者购置二手设备就成为一种节约资金和成本的重要途径。

创业者在租赁设备及购置二手设备时，一定要注意以下几点。

（1）不要过度强调低价

创业者在租赁或购置办公设备时不能只看重价格，不能为了低价格而放弃设备的质量。有的公司因贪图价格而买了便宜的办公设备，这些设备在使用时经常出问题，创业者不得不对它们进行多次维修。这不仅花费大量的时间和资金，还耽误工作进度。

（2）注重对方信誉

租赁或购置二手设备的价格不是决定性因素，选择有规模、信用良好的租赁公司才是最重要的。

（3）不要忽略服务质量

创业者在购买办公设备时，除了看重设备本身的质量之外，服务质量也是创业者选择的一个重要因素。服务质量的好坏影响后期设备的维护。

第2章

收割流量：如何快速从行业"小白"到高手

初期的创业者多数只拥有行业的基础工作经验，没有太多的行业高层次经验，如不了解上下游供应商、对同行企业及创始人没有深入研究等。

从行业"小白"到行业高手，并不是创业者通过自我钻研就能达到的。因此，创业者要充分学习同行间的丰富经验，不断充实自己。在学习过程中，创业者的同行就会成为不竭的能量源泉，创业者可以通过各种机会与他们交流学习，使自己得到迅速的发展提升。

2.1 流量入口：无社群，不社交

社交中处处可见社群，甚至在不知不觉中自己就成为社群中的一员。社群是创业者学习经验的好地方，创业者常常能够在社群的讨论中得到启发。只要加入了创业相关的社群，创业者总能从中收获到一些经验。常见的创业社群有四大类：技术类、经验分享类、纯项目类和培训类。

（1）技术类

技术类的社群谈论的大多是技术推动的行业或是有技术门槛的行业。在这类社群中能够产生很多对技术的前瞻看法和对技术的使用预测，这些议题常常会给创业者带来创业灵感。

（2）经验分享类

在检验分享类社群中，创业者聚集到一起，多半是分享创业心得或经验，创业者可以在社群中学习到其他创业者的经验。

（3）纯项目类

纯项目类社群有很强的目的性，社群人员是因为一个有影响力的创业者的项目而聚集在一起。在这类社群中，社群人员会跟着项目倡议者共同完成项目，平时聊天的内容都会围绕这个项目展开。

（4）培训类

在培训类社群中，社群成员会对创业培训中的问题进行探讨，并分享自己的培训心得和建议。培训类社群最大的优势是社群中的创业者关系和谐，创业者乐于分享，实现了资源的共享。

创业社群如此之多，在选择社群时，创业者很可能会遇到一些不靠谱的创业社群，这就需要创业者认真辨别，图2-1所示是鉴别优秀创业社群的方法。

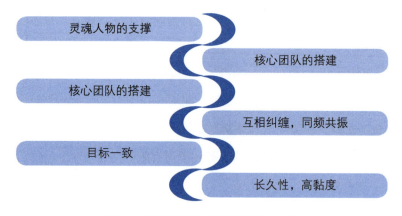

图2-1 优秀创业社群具备的基本条件

如果失去了这些条件，社群将会变为一团散沙，创业者也无法在这样的社群里学到经验。

创业社群的成员聚集到一起，设定社群的共同奋斗目标，有利于实现社群成员的相互鼓励，使创业者在学习到相关经验的同时，还能强化创业者个体之间的黏性。为了实现底层团队的同频，这些创业者可以通过制定严格的规章制度来提高社群成员交流的质量，使每位创业者在有了归属感的同时，也得到了同频交流的机会。

一个优秀的社群会给创业者带来诸多益处。但是，要想在社群中学到经验，创业者还要具备较强的社交能力。加入社群后，创业者应该积极发言，在社群中除了可以学习知识，创业者还可以通过交流获得所需的资源。

2.2　建联盟：聚集更多流量

创业者组建的联盟大致分为两种：一种是供创业者学习交流，获取知识；另一种是供创业者进行业务交易。创业者除了主动加入一些大的社群之外，还可以尝试建立联盟，为自己提供助力、扩大公司的影响力。

在创建联盟时，创业者必须了解现有的创业环境。其中，创建联盟的社会背景包括以下几个方面。

① 社群经济时代的到来以及零起点创业者的低成功率。

② 创业者对传统行业的转型缺乏经验。

③ 创业者缺乏经验、人脉资源等。

④ 创业者在普通社群获得的服务和学习有限。

⑤ 创业者独立创业势单力薄，无法快速壮大。

分析完社会背景，创业者还要思考建立联盟的过程中需要考虑的因素。

① 创建联盟的目的。

② 创建联盟的目标，包括大目标和具体目标。

③ 联盟的方式。

④ 联盟的活动内容。

⑤ 创建联盟的相关联合单位。

⑥ 联盟的相关负责人员

> 创业女孩小王就在创业过程中成功建立了自己的创业联盟。她结合现有的资源创办了培训机构，将课程放到网上销售。为了提升培训机构的影响力，将自己的创业经验传授给更多的创业者，小王还特意开设了创业课程。该创业课程受到了很多创业者的追捧。在小王的领导下，这些创业者组成了创业联盟，相互交流创业心得。
>
> 随后，出于扩大创业联盟、丰富实践经验的需要，小王开始招募新的、有能力的联盟成员。她在网上发布招募信息，让更多有创业想法的人了解并加入创业联盟。一段时间后，小王的创业联盟已经小有规模，她的培训机构也逐渐步入正轨。

建立联盟时，创业者必须要明确联盟的性质、创建的目的和相关细节。不仅如此，创业者还要分析行业现状，主动填补行业空白，因为化被动为主动才能使自己更迅速地成长。对于创业者而言，创建联盟的优势有哪些？

（1）人才互补

创业公司的发展离不开人才的推动，而联盟能够为创业者提供各种人才，也能够实现不同创业者之间的人才互补。

（2）寻找商机

创业者能通过与联盟内部成员的交流产生新的想法和创意，也能通过他人分享的新消息寻找商机。

（3）资源整合

创业者可以将联盟内各种资源进行整合，综合利用各种资源。

对于创业者本人及其公司的成长来说，联盟为创业者提供的人才、创意、资源方面的信息都很有价值。创业者在联盟中实现成长的同时，也为自己公司的发展奠定了良好的基础。

> 张某创建了电商公司，根据市场的需求，公司做出了不同于市场上已有产品的美肤产品。很多创业者慕名来向她学习，她利用这个机会创建了美肤电商联盟，并吸引了245名正在创业的人加入。
>
> 这些创业者在加入联盟之后主动分享自己的经验、互相学习。同时，联盟还为这些创业者争取了大量学习的机会。张某不仅帮助联盟成员获得相关经验，还带动了自己电商公司的发展。

通过上述案例可以发现，该联盟的创立者通过自己建立的联盟，实现了行业整合、人才互补与商业发展的融合，在成就了自己的同时，还为一大批创业者的发展提供了机会。另外，提醒一下创业者，在组织和创立联盟时一定要管理好联盟内部的秩序。

2.3 去对方公司拜访

> 孙某是一家电商类公司的创始人，他的公司刚刚步入正轨，就遇到了发展瓶颈。一个偶然的机会，他认识了另一位创业者周某，交流之后他发现，尽管两家公司经营的业务不同，但却有着千丝万缕的联系，于是他们约定相互去对方公司拜访。
>
> 在拜访交流中，双方都组织了专业团队，认真探讨了彼此公司的具体问题。孙某在这次互动中学到了很多，公司的发展瓶颈也得到了解决。

对于创业者而言，拜访对方公司和自己公司被拜访都是一个相对敏感的话题。因为在拜访过程中，创业者不知道会遇到哪些问题。尽管如此，创业者要想成长，要想丰富自己的经验，就必须迈出这一步，不断加强与其他同行创业者的交流和沟通。

（1）计划准备

不同的公司有不同的优势，创业者需要通过分析其他公司的优势和自己的需求来确定需要拜访的公司。在确定需要拜访的公司后，创业者需要提前与对方公司做好沟通，在对方接受拜访的前提下，创业者才可做进一步的准备。

（2）外部准备

①信息准备。创业者在拜访前必须尽可能多地搜集与对方负责人和对方公司有关的资料，如对方的公司发展水平等。了解得越多，对创业者的帮助越大。

②工具准备。对于一个优秀的创业者来说，自己的产品资料是必须准备的。除此之外，名片也是创业者必不可少的交流工具。

③时间准备。创业者需要提前与所拜访公司的相关负责人约定好时间。创业者的时间都非常宝贵，在实际拜访过程中，创业者要把握好进程，控制好时间。

（3）内部准备

①信心准备。事实证明，拜访成功与否同创业者的信心有很大关系。自信，也是一种名片。

②拒绝准备。创业者在拜访其他公司时，可能会遇到一些竞争者或是一些态度较差的负责人。在交流过程中，创业者提出的问题很可能被拒绝回答，所以，创业者要做好被拒绝的准备。

如果创业者能做好一次成功的拜访，除了给拜访公司留下好的印象之外，还有可能获得下一次的合作机会。

2.4 组织行业聚会

行业聚会就是同行业的人因某个人的组织或其他目的聚集在一起进行交流和学习。创业者只要踏入了创业圈，就需要参加各种形式的聚会。为了让更多的同行了解自己的公司，获得同行的支持，创业者也可以在适当的时候自己组织行业聚会。

创业者在组织行业聚会时，要清楚自己组织行业聚会的目的，以及组织行业聚会能为本人及创业公司带来哪些帮助。组织行业聚会的优势主要体现在以下几个方面，如图2-2所示。

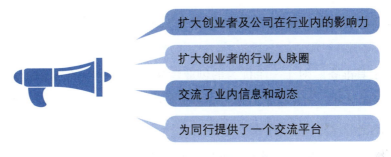

图2-2 组织行业聚会的优势

> 创业之初，创业者王某一直走低调路线，尽管这位创业者和他的团队都很优秀，但很少有其他同行关注。一次竞争项目时，竞争对手的实力明明没有王某的强，但是最终却是竞争对手拿到了项目。
>
> 事后，王某调查发现，拿到项目的创业者在行业内比较活跃，除了积极参加别人组织的行业聚会外，还会自己组织聚会。在行业聚会中，该创业者积极宣传自己的公司，获得了不少同行及合作方的认可，在行业中有一定的影响力。

> 项目公司在选择合作伙伴时,调查了两家创业公司在行业内的影响力,最终选择了行业内比较活跃且影响力较大的竞争对手的公司。

上述案例体现了行业聚会对创业者及其公司的影响,组织行业聚会是创业者宣传自身的重要方式。行业聚会不像平时组织的聚会那样随意,从人员的邀请到场地的选择都需要创业者考虑周到。一般来说,创业者在组织行业聚会时需要从以下几个方面去实施。

(1)评估公司所能承担的聚会费用

公司在创业初期的各项支出都很大,创业者必须进行财务预算,在公司可接受的范围内设计聚会。同行之间也可以采用AA制或赞助制。

(2)规划好聚会的主题

行业聚必须要有一个主题,可选择以行业经验分享、合作交流为主题。

(3)设定聚会地点

同城聚会多选取地理位置优越的商业中心。例如,在北京做同行聚会,选择三环内明显比五环外更有优势。因为大家来自四面八方,市中心的位置可以照顾到每位参会人员。选择多条地铁站交汇处也可以减少参会人员的行程时间。

(4)规划活动的大致流程

规划活动的大致流程即规划何时以何种方式开场,活动具体该如何实施以及实施活动的顺序。

(5)邀请同行业人员

创业者不仅要确定人员名单,还要对名单进行甄选。

以上就是创业者在组织行业聚会前需要思考的内容,具体还需要落实到计划书中,如表2-1所示。

表2-1 行业聚会计划书

一、活动目的：提高组织聚会公司的行业知名度，扩大行业人脉，互相交流学习
二、活动时间：某年某月某日13：00-18：00
三、活动地点：北京市某咖啡厅
四、参会人员：同行业人员
五、具体活动流程
  （一）组织行业聚会的创业者讲话
    1. 创业者介绍自己公司发展的基本情况
    2. 创业者介绍公司的产品
    3. 创业者阐述公司发展愿景
  （二）参会人员自由交流（设计具体时间）
  （三）抽取现场大奖
  （四）行业人员疑难案例上台分享（也可以设置其他活动）
  （五）行业内人员自由交流
六、工作人员具体安排
  （一）前期准备工作
    1. 物料准备
    2. 宣传推广
  （二）聚会期间工作
    1. 通道引导
    2. 会场组织
    3. 拍照录像
    4. 奖品发放
    5. 会议主持
  （三）会议结束后工作安排
    1. 物料整理（详细列表）
    2. 会场卫生清理

对于创业者而言，组织行业聚会是为了通过聚会获取更多的经验和资源。为了实现这一目的，创业者需要做好以下几个方面的工作。

（1）充分了解参会人员的详细信息

创业者应该充分了解参会人员的详细信息。只有这样，创业者才能够了

解每一位参会人员在经验、资源等方面的优势。同时，这些信息能够帮助创业者更好地与参会人员沟通。

（2）提前准备好自己的名片

创业者的名片也是一个彼此了解和认识的渠道。创业者在与其他参会人员进行沟通时，不便用微信留下对方联系方式时，可以通过交换名片的方式向对方宣传自己，同时也能获得对方的联系方式。

（3）创业者准备开场白

创业者在行业聚会中，一定要向相关参会人员介绍自己。创业者可提前准备三分钟的自我介绍，包括姓名、公司、行业经验、产品案例等。

（4）注意与参会人员互动

在行业聚会中，创业者要积极与参会人员互动。除了与参会人员交流外，创业者还可以设计一些互动小游戏或抽奖活动。创业者需要通过交流、互动，主动将自己介绍出去。

（5）行业聚会后，创业者要主动联系参会人员

创业者要明白，行业聚会仅仅是一个接触点，不能决定之后创业者是否会与这些人员合作。所以，在行业聚会结束后，创业者要及时与参会人员联系并建立良好的关系。

2.5　三盯：盯同行、盯伙伴、盯上游

对于创业者而言，掌握行业的发展信息，就等于增加了公司的发展机会。盯同行、盯伙伴、盯上游，不是要求创业者将所有的目光都集中在同行、伙伴和上游的身上，而是要求创业者通过这种方式，获取自己所需的有用信息。

(1) 盯同行

创业之初，由于创业者的经验不足，很多事情可能会走弯路，盯同行可以使创业者学到解决问题的办法。

> 一位创业者在创业初期遇到了技术难题，他的团队连续加班一周，也没能将这个问题攻克。正当他为这个问题苦恼时，发现一家同行业公司也遇到过类似问题并已经成功解决。
>
> 这位创业者经过多方打听，得到了这家创始人的联系方式并与其进行了沟通。在征得同意后，这位创业者带领自己的团队去对方公司进行学习与交流，问题很快得到解决。

(2) 盯伙伴

能与创业者一起并肩奋斗的伙伴，一定是彼此间建立了信任关系的。从创业伙伴身上，创业者可以看到自己的影子，创业者要经常与创业伙伴交流，共同进步。

(3) 盯上游

无论在哪个行业，上游的动态一定是这个行业发展的风向标，密切关注上游动态会对公司和创业者的发展方向产生指导作用。

上面提到了三盯的目的，对于创业者来说，如何去盯就成了一个问题。通常情况下，如果盯的方法出错，就很容易被对方误解，甚至带来一些不必要的麻烦，所以这就需要创业者具体安排盯的流程。

(1) 明确目的

创业者在盯的过程中首先要明确盯的目的，即创业者在盯同行、伙伴以及上游的过程中，要从这些对象身上获得什么样的有用信息。

（2）明确主体

创业者在盯的过程中，需要明确盯的主体，其中，同行中的竞争对手、战略合作伙伴、技术合作伙伴、行业中的发展方向等都可能成为创业者盯的主体。

（3）明确盯的途径

在明确了以上两点之后，创业者就要依据目的和主体来选择盯的具体途径。

① 在盯同行方面，创业者可以通过加入社群、参加行业聚会、与同行交流、分析同行公司发展状况等方式来了解同行的动向。

② 在盯伙伴方面，创业者可以与伙伴交流、了解其他人对伙伴的评价、了解伙伴的工作状态等。

③ 在盯上游方面，创业者要多通过行业聚会、报纸杂志的报道、新闻媒体的采访等了解上游的动向。

以上只是简单地介绍了一些盯同行、盯伙伴以及盯上游的具体途径。创业者一定要记得，在盯的过程中注意遵守行业规则，不要为获取信息采取一些过激的方法。

> A创业者与B创业者是合作伙伴。某创业公司看中了他们开发的项目并且企图以低价收购这个项目。于是这个公司派人分别与这两个合伙人进行谈判，试图使用各种方式来分裂这两个合伙人，结果都没有成功。
>
> 为了得到项目，这个公司的创业者不惜派其他员工去该公司以非法的手段盗取了该项目，最终被告上法庭。

（4）信息的筛选

创业者在盯的过程中会收到很多的消息，这些信息需要创业者自己去分辨真伪，否则可能影响创业者的判断。

> 有一位创业者通过盯上游的方式在创业过程中少走了很多弯路。在一次行业聚会上，一位所谓的在行业内有影响力的人物向他透露，他生产的某种产品极有可能在某个时间段内大降价。
>
> 于是，这位创业者在参加聚会后对公司未来的生产内容做了一个大的调整。结果，这种产品不但价格没有大跌，反而飞速上涨，但公司现在生产已经来不及了。这位创业者的公司在这段时间内受到重创，而其他同行业的创业者纷纷把握住了这次机会大赚了一笔。

上述案例表明，创业者在盯的过程中要对搜集到的信息进行及时的鉴别，不要听到一些危险信号就让自己失了方寸。

第3章

模仿式创新：如何寻找客户，如何见想见的人

对于初创公司来说，短时间内进行多方面的创新存在很高的风险，不如采用模仿式创新的方法：小步快跑，快速迭代。业务层面同样如此，当创业者发现寻找客户比较困难时，同样可以模仿同行的做法。创业者在采用模仿式创新时，也可以从客户、同行等群体获得经验与灵感。

3.1 深坑：有桥不走，摸石头过河

创业本身存在着极高的失败风险。创业路上也不会一帆风顺。初次创业者很难从创业的失败中吸取教训。如果创业者试错方法，创业初期微不足道的错误，可能会对之后公司的发展产生根本性的影响。很多创业者在初期犯的常识性错误最终阻碍了公司规模的扩大。

为了降低试错成本，创业者可以从别人失败和成功的经验中获得成长。如果发现同行做成了，为什么还要试错，而不直接使用同行成功的办法？

对于低成本创业的公司来说，能在激烈的市场环境中存活已实属不易，在资金并不充足的情况下，不利用现有的经验和资源，反而去尝试新的方法，这样的做法费力不讨好，创业结果也是凶多吉少。将市场和前辈公司铺建的道路作为参考，以此来选择自己公司的发展道路才是正确的。

闭门造车式的创新是公司发展中的深坑，创业者应该积极地向同行业的

其他公司学习，这样做不仅能减少公司盲目发展的时间，还可以在中短期内为公司设立发展的目标，通过模仿实现公司的快速进步。

由于中国的互联网起步要稍晚于国外，所以，国内的互联网公司有很多都是模仿国外互联网公司的发展模式，这其中也包括已经发展壮大的腾讯公司。

模仿国外的ICQ是腾讯起家的开始。当年，很多优秀的互联网公司已经发展到了一定阶段，腾讯创业初期可以说是举步维艰，不模仿一些已经成功的业务、只靠单打独斗很难在互联网行业存活下去。直到今天，腾讯身上依然存在数家互联网公司的痕迹。

对于低成本创业的公司来说，活在明天比活在未来更重要，通过同行或其他人的经验来为自己的事业助力是最有效的方法之一。

3.2 模仿同行：如何有逻辑地研究同行

模仿是学习的第一步，好的模仿能够使创业者快速了解市场环境和行业趋势，掌握行业内的经典运营方法，跳过了中间费时费力的盲目学习阶段，以此实现公司的快速发展。

闭门造车式的学习方法，会给公司带来时间和资金方面的压力，拖累公司的发展进度，使公司在快速发展的市场环境中艰难前进。优秀的同行公司已经经受过市场的考验，走过市场埋下的坑。循着同行公司的路发展自己的公司，创业者能够快速获得市场经验，在创业初期实现公司的高速发展。

既然向优秀同行学习的好处很多，那么怎样向同行学习？

（1）寻找前辈公司

创业者需要寻找行业内比自己高一个级别的前辈公司，将这样的公司定为自己中短期的发展目标，减少在市场中的徘徊等待时间，通过向同行学习，快速找到获得客户的路径，以此度过创业初期的风险。

（2）参考发展过程

创业者还要参考同行公司的发展过程，模仿那些在市场中已经获得成绩的公司，这样可以有效避免公司走弯路，避开创业路上的雷点，帮助创业者快速找到客户。同时，还可以使用同行公司的经验留住客户，将其培养成自己的忠实客户。

（3）学习如何做产品

学习优秀同行的产品与技术，首先要了解同行使用的产品和技术；其次，通过购买体验或者咨询交流，对比发现其中可取的东西，比如产品的质量、产品的定价、产品的包装。如果对方做得都比自己好，价格还更低，这时就可以考虑吸收对方的优点用到自己的产品上。

（4）学习如何做营销

学习优秀同行的营销方法比较容易，特别是在移动互联网时代，越来越多的优秀同行都会借助新媒体平台或者工具。只要他们有所运作，创业者很容易通过各种渠道和方式来了解和学习他们的营销方法。学习优秀同行的营销方法能够帮助创业者做好营销工作。当然，创业者需要结合公司的实际情况，选择适合自己的营销方法。

如果要学习优秀同行的营销体系建设，就需要创业者长期关注优秀同行的动态，并借助专业的书籍作为学习的补充。

（5）学习转化与售后服务

转化与售后服务也是创业者学习的重点内容，如优秀同行的沟通方法、朋友圈打造、售后服务等。创业者还可以模仿同行的推广方式、报价系统、成交文案、营销策略、话术系统等内容，这样能够减少创业者系统学习以上内容所耗费的精力。

3.3 引荐：以信任为媒，以情感为线

通过引荐获得的同行、客户是最容易建立深度联系的。当一个客户想要踏入新的领域或想要购买不熟悉的产品、服务时，他首先想到的是询问身边的熟人来获取更多的信息，其次是通过认识的人，使用最低的成本购买想要得到的产品或服务。这样就给公司提供了一个获得客户的机会，并且更容易将这类客户发展成公司的忠实客户。

> 张某在创业初期有几个关系很好的客户。有一天，一个客户来电邀请他参加一个行业聚会。这位客户开玩笑说给他带了一个很大的礼物，希望他能准时到场。
>
> 张某充满疑惑地去参加聚会，没想到是这位客户因为之前良好的合作关系，要将张某引荐给他的朋友。参加完聚会后，张某又获得了几个大的合作项目。

通过上面的案例可以看出，张某的客户因为与张某有良好的合作关系，所以才向他的朋友引荐了张某，使张某获得了更多的项目。由此可见，与一名客户建立良好的信任关系有利于创业者获得更多的发展机会，创业者在创业过程中一定要注意维护客户关系。

创业者要想获得客户对公司的信赖，促使客户自发地向身边人推荐，先要对老客户进行适时的联络，提高客户的满意度是让客户为公司引荐的关键。维护与老客户的关系要注意以下几点。

（1）对客户进行分类归档

为了提高与客户联系的效果，将客户档案分类是十分重要的一项内容。

客户档案中应有客户的姓名、性别、年龄、生日、家庭情况、职业、收入情况、爱好、性格、联系电话等。将客户档案分类，对客户进行分类管理便于和客户进行更有针对性的沟通。

另外，档案中最好还要有相关的历史成交内容，以及完成成交后的交易信息，便于了解客户的需求倾向及喜好。

（2）适时与客户保持联络

创业者要适时地主动联系客户，询问客户产品的使用情况及其他反馈等，让客户感受到公司的重视和尊重。以此让客户记住公司，成为公司的忠实客户。

创业者还可以向客户赠送小礼物或者公司的文化刊物，让客户了解公司的发展，不断累积客户对公司的信任感，增加对公司发展的关注，使客户能够在自己的朋友有需要的时候，最先想到创业者并将其介绍给自己的朋友。另外，创业者还要经常向客户发送节日的祝福消息，以此提高客户对公司的服务满意度。

随着时代的发展，除了亲友引荐、客户引荐，还出现了一些引荐机构。通常，引荐机构都会对创业者的需求进行一对一的专项调研，机构通过收集到的创业者信息进行客户的高度匹配，为创业者进行引荐服务。引荐服务的流程如下。

① 创业者向引荐机构提出引荐需求，并填写相应的项目需求表，提出目标客户的区域、行业等信息。

② 引荐机构根据创业者的需求进行专项调研，以保证引荐信息能够与客户的要求相匹配。

③ 针对创业者需要的目标客户，引荐机构作为中介会协调创业者和目标客户的见面时间和地点。

④ 创业者和客户见面沟通后，引荐机构的服务结束，创业者和客户可

以按照约定进行后续的对接活动。

上述方法也适用于认识一些优秀的同行,创业者可根据情况进行改进。

3.4 你与关键客户之间差了六个人

> 国外一家媒体公司曾接受过这样一项任务:帮助法兰克福的一家烤肉店老板,寻找老板和他最喜欢的演员马龙·白兰度之间的关联。
>
> 跟踪几个月后,媒体公司的职员发现,两个人之间能够联系上的间隔人数不超过六个人,即通过六个人的传递就可以将这两个人联系在一起。
>
> 这家烤肉店老板是伊拉克移民,他的一位朋友住在加州,而这位加州朋友的同事正好是一位电影制作人的女儿的女性朋友的男朋友,而马龙·白兰度主演过这位制作人的电影。

不只是烤肉店老板和马龙·白兰度之间相隔着六个人,实际上世界上的所有人都能够在六层以内的关系链条上和任何一个人产生联系。简单来说,你和任何一个不认识的人中间相隔的人数不会超过六个人,这一现象由美国心理学家斯坦利·微克(Stanley Microgram)提出并加以验证,被称为六度人脉。

由此,创业者也可以通过身边的人,帮助自己的公司快速寻找客户,并实现与之沟通的目的。

六度人脉可以帮创业者找到关键的客户,将产品信息或者服务传递给潜在客户。创业者可以以认识朋友的朋友为基础,不断拓展自己的人脉,同时创业者也要用心经营自己的人脉。人脉仅仅是静态的资源,创业者要将人脉进行动态的经营。

将人脉进行动态的经营能够释放出更大的能量，因此，创业者要不断寻找朋友，通过朋友找到公司的客户。

创业者通过六度人脉找到正确的人，并用最快的方式结识对方，然后创业者再处理好与自己想联系的人的人际关系，是实现合理地贯穿并成功完成创业过程的关键。因此，创业者需要明确自己公司的经营方向，建造并维护好自己的人脉圈。

如果每个客户平均都认识300个人，那么招待好一个客户，可能会带来300个潜在的客户；反之，如果使一个客户恼怒，就有可能会失去300个潜在客户。所以，创业者需要用人品、行动以及人脉资源，维护好老客户，开发新客户。

3.5 大网络渠道

网络的发展和社交软件的普及颠覆了创业者之前关于人脉的定义。在网络中，信息的传播没有了绝对的发生中心，信息的传递开始趋向于扁平式，每个人都成了信息发生中心，每个人都可以向外传递信息，人脉开始进入扁平化时代。这就给初创公司寻找客户带来了以低成本发布消息和传播消息的便利条件。

创业者可以根据自己产品的特性，通过在社交软件（如微博、微信、知乎、豆瓣等）中进行搜索，找到和自己产品特性相契合的网络社交圈，进行产品或服务的宣传，从而推广自己的公司。

以百度为例，百度平台已完全融入了人们的日常生活。百度知道、百度贴吧、百度图片、百度百科等平台都可以成为公司推广的优秀渠道。

百度平台推广有两种方式，一种是付费模式，利用百度竞价推广，这是一种比较方便的推广方式，效果也很明显，只不过需要付出资金投入；另一种是百度优化推广，就是通过优化搜索引擎来对网站的结构进行调整，对网站的内容以及页面因素进行科学的处理，将发布的信息推送给目标客户。当客户进行搜索时，百度优化推广能够使推广的信息排在靠前的位置。

通过网络寻找客户时，创业者要注意在网络上发布产品信息的一些要点。在网络上发布信息，可以省去自己辛苦找客户的时间，将客户吸引过来。但是，创业者在各大门户网站或是自建网站上进行产品发布时要注意两个方面，分别是产品或服务的主次关键词和产品或服务的描述。

首先要设置好关键词。这要求创业者对自己的产品或服务有透彻的了解。关键词分为主关键词和次关键词。主关键词就是行业里默认的，是对产品属性的固定解释。相比之下，次关键词的填写就灵活多了，如产品或服务的优点和特点、相关产品的修饰性语言等。如果要将产品销往其他国家，创业者还要注意不同国家对同一种产品的不同称呼，填写产品信息时要多加注意。

其次是展品或服务的简单描述和详细描述。这需要创业者在了解产品的基础上，将当下的市场热点与产品结合起来描述。

依靠网络寻找客户，创业者还可以使用免费的B2B平台。网上有帮助公司找到目标客户的免费B2B平台，创业者可以在平台上发布产品，借助平台找到公司想要的目标客户。但是，创业者不要盲目地在所有的B2B平台上注册发布，这样的做法不仅浪费时间，成效也不太好。创业者可以主攻3个较为适合的平台，来寻找到客户和其他资源。

第4章

新公司法则：如何做新公司与老公司差异化

在市场上，客户并不会因为是初创公司就给予特殊照顾。因此，如何与老公司竞争是创业者必须面对的问题。在产品同质的情况下，如何取得竞争优势是创业者必须掌握的内容。这需要创业者掌握新时代下的新公司法则。

4.1 没有所谓的事实，认知即事实

商业是从认知开始的。对于认知，创业者要了解一个对商业来说十分重要的理论——定位理论。在信息大爆炸的时代，我们每个人都被海量的媒体资讯包围着，在这样的背景下定位理论诞生了。

定位理论阐述了市场的一个重要观念，那就是在市场的世界里，没有所谓的事实，认知即事实。

这一观念引入市场的核心在于客户主导。现在是抢占心智的时代，如果客户喜欢你的产品，就会购买你的产品，尽管你的产品可能并不十分优秀，那它也是好的。相反，如果客户不喜欢你的产品，就不会购买你的产品，既使你的产品在各方面都优于其他同类产品，它也是不好的。因此，没有所谓的事实，认知即事实。

> 某个运动鞋品牌自诞生之初就备受好评,经过几十年的发展,其占据了国内运动鞋行业的大部分市场,拥有广泛的客户基础。但是,该品牌却在随后的发展中遭遇了滑铁卢,市场占有率大幅下滑。
>
> 为什么该品牌会出现如此变化?原来,随着时代的发展,慢跑运动逐渐兴起,在此影响下,许多新兴的运动鞋品牌开始研发时髦的慢跑鞋。而该品牌认为他们的运动鞋也适用于慢跑运动,所以并没有重视这次市场变化。但客户却并不认同这种观点,纷纷将目光转向其他品牌。

正是因为该品牌忽略了客户的认知事实,最终不仅痛失市场领袖地位,还因经营不善几经易手,市场影响力大不如前。

快速发展的时代给新公司带来了更多的发展机会,这意味着老公司既有的红利优势不断消减,新公司可以抓住认知时代的机会,通过几年的发展,快速达到行业的顶端。

4.2 品类:新物种的起源

在美国的硅谷大会,世界最著名的营销战略家之一——艾·里斯曾做过一个名为《如何打造高科技品牌》的公开演讲。

在这次演讲中,他提出了一个观念,这一观念引用了他在《品牌的起源》一书中的重要观点。他提到,在市场中打造公司最重要的法则隐含在《物种起源》一书中,达尔文解释了自然界如何建立新的物种,这样的观点同样也适用于市场,它能够解释在商业环境中如何建立新的品类。

那么,这个在自然和商业环境中都适用的法则是什么?里斯说,在自然界中有自然力量,这是我们大家都知道的进化论。但是,事实上达尔文根本没有提到进化这个概念，是媒体把进化这个概念加进了达尔文的《物种起源》中。

其实，达尔文在他的进化论里强调的是变异。变异使得自然界中诞生新的物种，就像生物在不同的分支上发展、变异出新的物种一样。而商业环境恰巧是自然界的延伸，同样存在着自然界蕴含的力量。

公司的定位、品牌的塑造如今都要优先考虑。要做到开发出一个新的品类、找到新的市场，这就意味着创业者要创新。

不同于以往的时代，现在消费市场的认知就是要求创新。一旦客户接受了消费市场的第一品类，那么后来跟进的公司就是模仿者。所以，在如今的消费市场，品类就是消费市场的新物种。在自然界中新物种的诞生靠的是变异，而在消费市场中新物种的诞生靠的是创新。

4.3　变异：差异化定位

公司在进行定位时，对竞争对手的分析与评估是不可或缺的，公司的竞争对手在很大程度上会影响公司的定位。只有在与竞争对手的比较中拥有显著的优势，这个定位才能在客户的印象中占有一席之地，从而引发下一步的购买行为。

对于新公司来说，在一片红海中找到机会的概率微乎其微。因此，创业者想要找到机会，只能依靠开辟新的蓝海，也就是差异化定位。

当创业者打算在某个领域做到最好的时候，很有可能会发现赛道的头部位置早就被人占据，并且很难超越。但是创业者要做的并不是超越他，而是找到彼此之间的差异和自己的独特之处，在自己最鲜明、最突出的点上持续发力，跑到新赛道的前端。

在职场中获得最大收益的，往往既不是能力最强的员工，也不是工作最努力的员工，而是那种在工作中能把自己的强项发挥到极致并在各自优势上做到第一的员工。

公司和职场中的员工一样，如果公司被客户贴了一个隐形的标签，那么客户总能在特定的情境中想起它，其他公司就很难有机会争夺到客户。

公司可以通过突出独特的特点和在该领域的巨大优势来使公司差异化，区分出自己公司和竞争公司的差别。当资源丰富时，选择力远比执行力更重要。那么，如何建立公司的差异化定位？

（1）执行核心定位识别

公司定位让客户能够识别公司的核心价值。只有定位足够清晰，才能使客户清晰地将自己的公司与市场上的同质化公司区分开来，获得绝对的优势，这样，公司的定位才有价值和意义。

比如，"阿芙，就是精油！"这句广告语就充分表明了阿芙的经营核心。让客户一想到精油，就想到阿芙，这样阿芙的公司定位就基本成功了。

（2）利用已有认知

创业者可以借助人们已认知的内容，来达到公司差异化定位的目的。借助客户脑海中已经形成的认知，将已有认知和对新公司的认知捆绑起来，帮助客户理解和记忆新公司的内容。

> 奥利奥就是最好的例子。奥利奥在国内推广时，正赶上国家主抓中小学生身体健康的热潮，那时候很多小学会给学生提供牛奶。奥利奥借助了这股热潮，推出了那句耳熟能详的广告语："扭一扭，舔一舔，泡一泡。"即便是现在，当人们想起牛奶时，都可能会联想到奥利奥。

（3）借助产品捆绑

创业者可以借助市场上已经占据领导地位的产品，将自己的产品与其捆绑起来，以此进行关系上的捆绑，从而使客户能够快速地记住新公司，进行关联定位。

（4）划分客户属性

创业者可以按照客户的属性去划分，以此来寻找还没有被占据的市场位置，如性别、年龄、家庭、职业、爱好等。通过将多个客户属性结合起来，找到自己公司的差异化。

信息传递应当切中特定的传播对象，对公司定位来说，定位信息的传递也应当瞄准、切中公司目标的客户群体。

比如，当白酒市场大多以高端、传统、陈年老酿为发展方向时，以年轻消费群体为目标客户的江小白脱颖而出。说到白酒，大多人脑海中首先浮现的一定是老年人和中年人，而江小白则瞅准了年轻群体的市场空缺推出了年轻人的白酒。正是这种与众不同的定位，让江小白收获了一大批的关注。

（5）传播公司形象

公司定位在很大程度上决定了公司向客户传递的形象内容。公司在定位的过程中也应该不断树立、修正、强化公司的形象。

但是，要想成功实现差异化定位，在客户心中占据一席之地，只有差异化的定位是不够的，说到底，价值才是决胜的最终条件。因此，创业者在挑选定位时还必须考虑这些差异化定位对客户是否真的有价值，只有客户确定产品对他们是有价值的，才能进一步吸引他们选购。

4.4 创新品类：重新定义细分领域

现在的品类在不断地创新和分化，不同的行业品类在进行不同的分化。

拿乳制饮品行业来说，奶先是牛奶，后来分化出酸奶，又分化出草莓牛奶、香蕉牛奶、黄桃酸奶、炭烧酸奶等，这其中的驱动力就是创新和分化。这样的新品类给了新公司机会，给了新公司一个能够直接弯道超车、一举超过老公司的机会。

创业者洞悉行业的基本目的是为了能够以行业的信息为依据，制定更合适公司的战略。所以说创业者除了要有行业大局观，还需要细分公司面对的市场。

创业者要将公司在行业内划分成能被认定的市场的最小单元。简单地说就是将公司的行业类型缩小到不能再分化的地步，然后在行业类型里创新品类。

> 一家以创业软件为主的公司，从大方向上来讲是软件行业，但是在软件行业也存在各种各样的类型，此时就需要对其进行简化。
>
> 该公司的创业软件简化后属于游戏类软件，但分化还没有结束，还需要对公司主营业务继续进行详细解读。经过多层解读后，假设该公司判定为手游类软件开发公司，那么该公司则可以在此基础上创新产品的品类。

值得注意的是，很多公司可能存在混业经营的现象。对于这类公司，在进行行业细分时，创业者可以用两个方式来应对：一种是相互之间没有太大的关联，创业者可以将其拆分后再进行归类；另一种是分部业务之间关联较大，这种情况就需要整合起来进行分类。

创业者进行行业细分的主要目的是让细分后的领域对目标客户更具针对性，更适合公司的经营发展。因此，产品所面向的市场必须是可以细分的，细分后的不同市场表现出不同的需求程度，这样公司才能够根据不同的客户群体创造出新的品类。

在创新品类时要注意重新定义领域，公司要以客户为中心把握3个重点。

（1）客户目标

如今有大量的商业案例显示，很多公司的产品在市场上容量有限，溯其根源是因为客户对产品本身抱有过高的预期和不切实际的使用目的，这反而降低了人们的购买意愿。

对于这样的情况，如果想要吸引客户购买，就要改变客户对于产品的使用预期，以此来重获客户对产品的使用满足感。这种做法就是重新定义市场，改变客户的购物习惯。如果客户注重产品的功效，可以转而让客户更注意产品的使用过程。

（2）注重客户的服务体验

现在，人们的消费观念已经转变为更注重个性化、轻奢化，追求产品的品质。大部分客户已经不再满足于千篇一律的服务内容，他们开始追求优质的消费体验，这就需要创业者重新建构产品的服务环节。

（3）注重产品的使用情境

客户消费行为的本质是改变特定情境下的行为的概率。因此，创业者可以将日常使用的产品转变为在特定时刻、特定场合使用的产品。创业者在打造一个产品时，不需要考虑让客户时常想到产品，也不可能被客户时常想到。所以，创业者只需要产品能做到在特定时刻、特定场合下被客户想起就可以。

如将低频的产品被中、高频地使用；将高频使用的产品构造成低频使用的产品，这些都是改变客户的产品使用情景的方式。

很多产品只是在某些特定情境下才会唤起客户的购买欲望，如中秋节吃大闸蟹、中秋节吃月饼、情人节买花等，其他情景下很难引起客户的购买欲望，这类产品就属于低频产品。这就需要创业者想办法改变产品的定义，从而改变客户的购买习惯和使用意图。

创业者创新品类时需要进行领域的细分。将客户作为主体，是公司选择目标市场的基础。公司按照一定的标准，将客户划分成不同的客户群，能让公司对客户的需求有针对性地进行管理，通过创造新的品类来满足不同类型客户的需要。

随着商业的发展，客户的需求被一次次地推翻又构建，产品的更新迭代也体现了社会的发展和人们对生活的追求。下面有4种产品策略，能够为创业者创新产品品类提供思路。

（1）组合

创业者可以将一些看似没有关联但能满足客户同一需求的事物组合到一块，以此来实现客户的需求。在通过组合的方式创新产品品类时，创业者需要认真分析产品的功能及产品的使用场景。

（2）替换

大多数的消费需求并没有得到最优满足，只是暂时由现有的方案予以一定程度的满足。创业者应该考虑如何使用更优的方案来替代现有的方案，以满足客户的需求。

（3）换序

市场上的很多产品有默认的功能使用顺序，但这些默认顺序的使用体验并不理想，不够人性化。因此，创业者可以将产品的功能顺序进行调整，以此来重新创造一个品类。

很多时候，客户在购买产品时不仅注重产品的实用性和质量，还很容易被新奇的产品吸引。如果客户在购买某类产品时，发现了更别出心裁、更人性化的产品，那么客户对该产品的好感度就会增加。

（4）去除

当新产品刚进入市场时，新产品不可避免地需要中间繁杂的环节来支持其功能的使用，这就增加了产品进入市场的难度。如果创业者在建立新的品类时，能够省掉产品繁杂的中间环节，提高产品自身的便捷性和使用效率，那么该产品将会更加吸引客户。

新品类、新事物的出现，本质上都是创业者在原有事物上进行加工，重新思考现有的产品，对现有产品的关键环节进行更迭改变，让产品能够更好地满足客户的需求。

4.5 语言钉：一词定位，占据第一

语言钉类似于超级话语，一旦进入人的脑海就会迅速扎根、生长。它具有直指人心的力量，利用语言钉能够让客户快速地想到公司，给客户一个购买的理由。

公司的名字恰好是一个天然的语言钉，想让客户记住公司，公司的名字就要好记易懂、朗朗上口。

好的公司名字一般通俗易懂、易识别、好传播，并且有好的寓意。那么，为什么这些好的公司名称需要有这些特征？这是因为公司命名需要遵循降低识别成本、传播成本和使用成本的原则。

什么样的公司名字能同时满足这些要求？通过分析能够发现公司的名称大致有以下3种命名策略。

（1）叠音

使用重叠的字组成公司名称，读起来朗朗上口，给人一种听觉的愉悦感，如阿里巴巴等。

（2）具体的物品和动物

使用一种具体的物品命名，由于客户熟悉这些物品，所以能对公司的名字印象深刻，如小米之家、便利蜂、盒马鲜生（谐音"河马先生"）等。

（3）使用地名或者熟悉的称呼

使用客户本来就熟悉的地名和称呼作为公司名，会使客户对公司产生一种亲切感，比较容易接受产品，如苏宁小店、天猫小店等。

公司起名需要利用语言钉的力量，推广产品同样也要借助语言钉的力量，语言钉是公司最好的广告。产品借助语言钉主要有以下6个模式，公司可以根据需要设置产品的语言钉。

① 直接、干脆型。这种类型的语言钉适合在产品上市的初期使用。最好是能直接将价值包含在名称里，直截了当地告诉客户产品能够提供什么。

② 态度型。这种方法是喊出产品诚意，提高客户对于产品的认可度以及好感度。

③ 功能型。推广产品、明确产品功能，能让客户遇到相关情景时第一时间就想到公司的产品。

④ 体验型。这类是利用客户的听觉、味觉、视觉等感官，使客户在看见产品时就仿佛身临其境，增加客户对产品的印象。

⑤ 未来型。如果公司产品偏向高新科技领域或者具有一定的科技特征，就可以充分利用客户对科技的遐想，使用未来型的语言钉。

⑥ 情怀型。如果产品中包含情怀，创业者可以通过品牌故事、品牌人物或者是符号化、人物化、娱乐化的方式将产品中的情怀传递给客户，引发客户的共鸣。

脱离了视觉的语言是干涩的。因此，公司不但需要一个好的语言钉，还需要一个强有力的视觉锤做辅助。只有将语言钉与视觉锤结合起来，才能使公司及公司的产品深入客户的内心。

4.6 视觉锤：视觉鲜明，极简锚定

视觉锤理论由定位大师劳拉·里斯提出，她认为想要在客户心中占据一席之地，只依靠文字力量的传统定位理论显然是有缺陷的。公司要想深刻长久地留在客户心中，还需要有视觉上的辅助和配合，甚至有时候视觉的作用大于语言的力量。

在信息大爆炸的当今，仅凭语言的口号是不可能让人们记住的。比如，看电影的人，可能会大笑、大哭，情绪激动；而那些读书的人，有明显情绪外露的情况却不多。

这是受人的左右两半大脑分工决定的，人的左脑是语言思考区域，是线性的、理性的；而右脑是意象思考区域，思维方式是图像性的、感性的。

创业者要想利用定位理论将公司钉入客户的心里，最好的手段不是通过文字钉，而是通过视觉锤，可以迅速进入客户的心智，制造情感上的波动和共鸣。

要想做到这一点，首先，在设计公司标志前，创业者要确定公司想要传递的核心内容，将其作为一种文字概念表达出来，设定为将要钉入客户心中的语言钉。这个文字概念应是可视觉化的，因为下一步创业者需要依靠文字概念建立视觉锤，并将其与语言钉结合起来，只有这样，两者才能发挥出最大的作用。其次，在传达创业公司核心概念时，传达的内容最好是单一的、简洁的、直击人心的，通过组合视觉锤不断重复，达到信息传递的目的。

在打造好语言钉之后，创业者便可打造自己的视觉锤，商标是公司最好的视觉锤。简洁是创业公司创造视觉锤的关键，简洁的图形不仅便于识别，还有利于客户记忆。越简单的图案越容易被记忆，而被记忆就意味着公司视觉表达的成功。如果简洁的图案再结合一些独特的设计，将能发挥更好的效果。

另外，在利用简洁图案使客户印象加深的同时，还应当注意图案的设计要和公司的理念一致，创造公司和图形之间的联系，让客户形成记忆点，传达公司的价值观。

独有的颜色是让公司拥有辨识度的一个重要指标。许多成功的公司都拥有独特的颜色，有利于提高公司辨识度。

对潜意识长久的重复训练，会使客户对某种颜色代表的含义形成条件反射。当客户看到某一种特定的、具有辨识度的颜色时，会非常迅速地联想到以之为代表颜色的公司，从而形成一种对公司的熟悉感和信赖度。

第5章

产品轻奢化：挖掘价值洼地，给出高价的道理

在产品过剩的时代，一味地打价格战只会让创业者陷入经营困境，适当提升产品价格有利于公司的可持续发展。这时，创业者可以采取轻奢的理念。

当然，在实现产品轻奢的同时，不浇灭客户的购买欲望也是创业者需要思考的问题。下面将从6个方面帮助创业者重建产品认知，找出价值洼地，给出价格高的理由。

5.1 建立产品认知

创业者想要建立产品认知，首先要对自己的产品了如指掌。那么，如何才能做到对产品有深刻的了解？创业者可利用以下2种简洁且实用的模型。

（1）黄金圈法则

黄金圈法则是一种创业者应该具备的思维方式。黄金圈法则把思考和认识问题的层面分为三个圈，分别对应着三种层次，如图5-1所示。

最外圈层是What层，指的是做什么，就是事物的表象和外在表现形式；中间圈层是How层，也就是怎么做，是指做事的方法、途径；最内圈层是Why层，意为为什么，就是要挖掘事物的深层原因和道理。

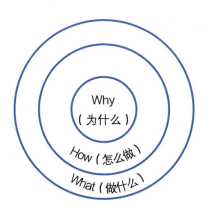

图5-1 黄金圈法则

大部分人的认知模式都局限在最外层,也就是What层,并没有向内深入挖掘。而黄金圈思考模式是从内向外的,也就是按照Why-How-What的顺序思考的。因此,黄金圈法则能启发创业者在产品工作上使用一种深刻的思维方式。

创业者使用黄金圈法则,能从另一个更深更广的层面,由内到外、由深到浅地对产品进行认知,从而达到更好地营销产品的目的。

(2)马斯洛需求层次理论

马斯洛将人的需求划分为生理需求、安全需求、社交需求、尊重需求和自我实现需求。创业者在构建产品认知的过程中,也可以根据马斯洛的需求层次理论分析客户的需求,以此为依据衡量产品能否满足客户的需求,并根据结果对产品进行认知和思考。由于这种认知方式是从客户的需求角度出发的,所以是创业者与客户产生同理心的一种良好的实践方法。

利用以上两种模型,创业者可以从产品本身和客户需求两个方面建立对产品的认知,了解产品的特性和目标用户,这样才能更好地服务于客户,打造客户认可的产品。

5.2 相对价格很贵，绝对价格却不高

作为知名品牌代表的格力空调在同类产品中，价格并没有太大优势，但是在品质上却十分突出。没有哪一个客户愿意使用节能效果差、经常需要维修的空调。如果将节能、少维修计入价格中，格力空调的价格就不高了。这正是格力空调价格定位的理由：通过提升质量来提高价格，让客户感到物有所值。

移动互联时代，高价本身就是一种独特的定位。高价并非一定能够给客户带来高品质的感觉，但低价一定会让客户对产品产生低品质的印象。因此，高价格不仅会给客户营造一种产品高端的感觉，还会让客户觉得放心。

一般而言，部分产品在进行价格定位时可遵循"高开低走"的价格趋势。价格"高开"是为了瞄准并筛选最初的意向客户，只有这样才能够在营销的时候更加顺畅；价格"低走"是为了进一步扩大客户群体。这就是"高开低走"的运营本质。

部分创业者期望依靠低价打开销路，但这仅仅是理想的想法，事实上根本行不通。因为"高开低走"更加符合客户的消费心理认知。部分产品采用"高开低走"的运营策略，不仅能够利用人们对高价产品的心理认同，也能够反映出"价值决定价格"的规则。现在很多创业者利用高价定位法则为产品增加一层"高价晕轮"，使客户慢慢恋上公司产品。

高价定位法则在实际操作中就是商品定价高于同类产品的平均价格。但实行高价定位必须要有质量做支撑，为客户提供更高水平的服务。当服务质量能让客户感到内心舒服时，客户就会觉得物有所值，从而不会过于计较产品的价格。

如何进行高价定位才能最高效地吸引客户？有以下3种实用的方法。

（1）相对价格很高，锁定高净值人群

在产品价格与客户需求的关系中存在凡勃伦效应。凡勃伦效应是指如果产品的相对价格很高、客户购买力强以及客户的购买信誉高，那么会促使产品更受欢迎。

高净值人群所追求的是独占高端产品，所以高价策略是刺激他们购买的一项重要原因。相反，价格下降反而会导致这些客户的离去，因为产品降价意味着公司社会声誉的贬值。

（2）绝对价格不高，高价值产品用品质立命

产品价格与需求之间还存在质价效应。质价效应是指客户通常把高价看作是优质的标志，因而高价能刺激和提高客户的需求。但是，如果只是提高产品的价格，产品的质量却与普通产品没有太大的差异，那么客户必然会对产品丧失信心，最终果断离去。

（3）高价值产品用服务增值

如同高价能够显示高品质一样，高价同样要能够显示出高服务水平。如果产品进行高价定位，创业者除了要重视客户对商品的反映，还要不断增加产品功能，进行产品的更新迭代。

同时，在高价定位的基础上，创业者还要优化产品的服务，这样就能不断增加客户对产品使用的依赖性。

5.3 比普通更讲究，比奢华更自由

比普通更讲究，比奢华更自由，这句话讲的就是轻奢。轻奢是一种生活方式，也是一种消费态度。轻奢的意思是人们能够负担得起的奢侈品。轻奢的本质是理性的品位，理性地购买自己认为好的产品，而不是跟风追求别人认为好的产品。

轻奢的市场定位是中高档，带给客户高品质的消费体验。现代人虽然追求生活品质，但并不意味着会轻易地购买昂贵的奢侈品。在这样的市场状况下，轻奢的需求应运而生。在经济能力允许的情况下，客户会追求产品的品质，买稍微贵一些的衣服、首饰、皮包、香水等，以此来换个好心情，提高个人形象。

这样的市场消费环境给了创业者一个很好的创业机会，创业者可以打造轻奢产品来满足客户的消费需求。轻奢的要素包括独特、品质、中产的价格。

现在，人们越来越注重独特，经典不再是主流消费群体追求的宠儿，小众消费群体日益壮大。人们越来越注重挖掘自己身上的独特气质，而与之相配的就是通过购买小众的、独特的产品，衬托自己的独特。因此，产品的独特性成为客户购物的主要追求。

品质是支撑轻奢的中流砥柱，品质在于产品本身的材质、设计、做工质量。创业者如果想要产品走轻奢的路线，就要在产品的品质上把好关，从产品的包装到选材、再到产品的实用性，创业者都要花心思，使产品最终呈现出优越的品质。

中产消费群体越来越成为现在消费市场的中流砥柱，产品的价格可以定位于中产的价格。中产的价格与奢侈品的价格的区别在于，不是让客户一看价格标签就望而却步，而是多数人都买得起的价格。把握好轻奢的三个要素，创业者就能够把握住轻奢产品的制造方向。

5.4 情怀加身，产品IP化

2019年双十一当天，三只松鼠全渠道日销售额为10.49亿元。由此，三只松鼠成功将过去不起眼的零食坚果包装成一个年销售额轻松突破100亿元的高附加值品牌。

那么，三只松鼠系列产品是如何成为成功的电商IP的？

首先，记忆定位是电商IP的第一步。三只松鼠的名字非常便于记忆，拟人化强，为IP化形成了一个好的记忆定位，这也证明了起个好名字的必要性。如果当初三只松鼠创始人章燎原为自己的坚果起一个复杂且生僻的名字，估计营销广告费用也会涨不少。另外，三只松鼠的IP形象以动漫为主，在视觉传达上突出"萌"文化，称呼客户为主人，甚至还会撒娇，充分体现乖巧可爱的特质。这些都是以三只松鼠的记忆定位为核心，让客户记得住，形成潜移默化的影响，当客户想吃坚果时会第一个想到三只松鼠。

其次，早期占领客户心智。章燎原在2012年正式上线三只松鼠，仅两个月就成为天猫商城同类销售中的第一名，并在2018年销售额突破70亿元。三只松鼠这些成绩主要归功于早期占领了客户心智，在坚果零食行业尚未引入强势竞争对手时率先获得了先入时机。这也是三只松鼠电商IP成功的先天因素。

再次，综合开发以打造全渠道的电商IP。三只松鼠在跨界合作中展现了独特魅力，包括植入热门电视剧，如《欢乐颂》《微微一笑很倾城》等。另外，三只松鼠还在淘宝站外投放网络广告、在品类上大做电商IP的文章等。

最后，三只松鼠发力线下，开设投食店。章燎原表示，"这是一个2.5次元的空间，是线上二次元和线下三次元的纽带。它的定义是城市的歇脚地。"由此可以看出，这是三只松鼠在形成成熟的电商IP体系后，对线下发力的强烈信号。

综上所述，三只松鼠系列产品从多个维度切入，打造出家喻户晓的电商零食类超级IP。这是电商IP的又一个创意性打法，同时，互联网的基因塑造出更立体的松鼠形象。

在当代社会中，人们感受着生活与工作带来的双重压力，往往身心俱疲，情怀就成了无数人的追求。海子的名句"面朝大海，春暖花开"，把对理想生活的向往表达得淋漓尽致；科比的金句"你见过凌晨四点钟的洛杉矶吗？"曾激起多少年轻人为理想奋斗的信念。由此可以看出情怀的强大作用。

产品是价值观的外在物化载体，创业者可以在产品中把自己的价值观清晰地提炼出来，包括对世界、行业、产业的深度认知。创业者通过这样的方式，可以为公司披上情怀的外衣，让客户对公司产生兴趣和认同感。

在当今人格化与IP经济崛起的时代，无数人因为某人的价值观而热爱某种事物，并做到誓死追随。而且，被热爱的事物也因为其誓死追随的粉丝挣脱了原有平台的束缚，向外扩散、扩展，连接更多的粉丝。

粉丝经济持续发展，个人IP就会长盛不衰。个人IP的影响力越大，粉丝量就越大，拥护者也就越多，粉丝经济所带来的经济效益也就会越来越高。因此，产品IP化是现代经济的最重要变现方式。

创业者想要实现产品的IP化主要有4个步骤。

① 创业者要确定好消费的目标群体，并根据目标群体做好产品的客户画像分析。

② 在确定消费群体后，创业者就要开始考虑这个群体的消费需求，然后根据其诉求来构思产品，不断丰富产品的内容。比如，通过文章、图片、视频、音频等将产品的IP内容化，寻求符合选定的目标群体的价值观并满足其需求，这样有助于帮助公司找到产品的第一批核心客户，获得公司的种子客户。

③ 当收获第一批客户后，创业者的任务是不仅要留住老客户，还要收获新客户。公司在打造产品IP的过程中，可以使用各大网络平台来进行产品的全网传播，传播是整个IP化过程中最为关键的一环。

产品IP化传播由两段构成。一是产品要体现公司的核心价值观。产品体现出来的核心价值观能够吸引种子客户，并促使客户自发地进行产品宣传。这一环节主要是使用者即种子客户的自发行为。二是创业者要使用网络媒体平台来宣传产品信息，比如通过知乎、豆瓣、微信、微博等平台不断进行产品信息的输出。这两段有前后关系，只有循序渐进地发展，才能够最大限度地进行产品的推广。

④当IP化产品在传播中产生了一定的成效后，创业者就要开始重视产品IP化的全面覆盖。创业者不仅要注重线上的传播，还要进行产品的线下推广活动，通过线上、线下结合的方式来增强客户与IP产品之间的关系。

一个好的IP的标准是十分严格的。有的产品虽然有了一个IP，但是IP只是作为一个符号出现而没有内涵。在衍生期间并不能引领客户持久地发挥出想象力，或者IP并没有注入新的内容和新的情感形式，那么这样的IP只是广告，而不是真正的IP，自然也就不能实现粉丝的二次传播。情怀是IP长久的生命力，具有情怀的IP才会更有影响力，才能发展得更加长远。

5.5 讲价值，不如讲故事

每一家企业都应该有一个品牌故事，或许它只是一句话，但凝聚了整个品牌的形象，集中体现了企业或品牌的灵魂。比如，苹果的"活着就是为了改变世界"，海尔的"真诚到永远"等。这种具有品牌故事的企业往往会与其他品牌形成差异化的标志。

> "钻石恒久远，一颗永留传"是钻石品牌戴比尔斯的广告语，也是创始人向客户讲述的品牌故事。
>
> 在戴比尔斯诞生之前，钻石并不是爱情的象征，也没有任何的浪漫气息，只是少数人炫耀财富的工具。在20世纪上半叶，经济进入大萧条

> 时期，人们对钻石的需求量急剧下降，钻石不再是奢侈品，开始走进大众市场。
>
> 但是，由于钻石具有昂贵和坚硬的特质，戴比尔斯公司决定把这种坚硬与爱情的坚贞联系在一起。于是，"钻石恒久远，一颗永留传"的故事应运而生。哪一个客户不希望拥有像钻石一样坚贞的爱情呢？

很多客户买产品的时候总会有这样的困惑：看了大量不同品牌的产品，觉得都差不多，根本不知道它们有什么特质和差异。这时故事的价值就体现出来了。

> 国内规模最大的房地产中介——链家也是一个懂得讲故事的公司。很多人都好奇链家到底想要做什么。很简单，链家希望基于大数据为个人服务，然后渗透到包括开发商在内的整个房地产产业链。
>
> 链家创始人兼董事长左晖曾表示："很多人总说我们是房地产行业，但我们自己觉得是服务行业。"正是基于这种定位，链家将很大一部分精力放在了收集数据、整理及分析等看似"不务正业"的工作上。而这些工作的背后却有着最简单的初衷，即提升服务质量。
>
> 左晖曾受邀参加中国企业领袖年会，与几位不同行业的企业家一起参加一场题为"商业变革下的未来图景"的讨论。面对"互联网+"这个近年来的热门话题，左晖抛出了这样一句话："虽然自信息时代以来，社会发展越来越快，但以房地产为例，整个产业链实际'欠账'很多。"
>
> 左晖所讲的"欠账"指的是房地产行业在当下的互联网时代还没有实现真正的信息化。即便链家已经覆盖中国3亿人口、1亿套房子，并建

> 立了包含7000万套房子的楼盘字典,拥有1200TB[1]的数据,但距离真正提升客户的体验还很远。
>
> 　　一个欠账论透露出链家在过去多年悄悄忙碌的一件大事。从2008年开始,链家就着手构建一个真实完整的房产交易数据库。这个数据库不仅可以帮助链家解决中介行业假房源的痛点,还可以为链家描绘出一个更宏大的未来。

　　链家左晖通过以上故事塑造了一个积极进取,致力于优化客户服务体验的企业形象,加深了客户对链家品牌的印象。虽然与同行相比,链家的服务费价格并没有优势,但是客户在购置房产时,愿意多花一些服务费获得更优质的服务。

　　《人类简史》一书中对故事的意义进行了说明:"人类之所以能够在危机四伏的大自然中结合成群体并不断进化,原因是人类有共同的信仰。共同的信仰让人类形成社群,得以生存。而这些信仰慢慢变化成了一个个鲜活的古老传说流传下来,最终人类的神话故事诞生了。"

　　将这一特性应用在创业公司的塑造中,就可以理解为创造一个故事来传播公司。这种方法在很大程度上是有效的,以故事为载体的传播形式能够吸引大量的粉丝,且这些粉丝的转化率也是惊人的。

　　现在,许多公司将产品与漫画、小说、电影等各种形式的故事结合起来,把故事的粉丝转化为公司的粉丝。这样的结合可以高效地进行公司宣传。

　　在很多时候,一个公司一旦有了故事,它就能够脱离公司和产品的束

---

[1] TB,Terabyte,太字节或百万兆字节。

缚，使其具有的故事得到不断传播。即使不是产品的客户和使用者，也能在故事的传播过程演变成公司的潜在客户。

很多创业公司都拥有一个和公司紧密结合的故事，在大量的实践中，创业者会发现故事是宣传公司的最好方式。想要讲好一个故事，就需要准备好故事的各个要素，完善各个要素形成一个故事。好的故事一定要能够和听众产生共鸣，创业公司要通过一个好的故事，将公司信息传递给客户。

那么，怎样的故事能够使客户产生共鸣？创业者可以在讲故事的时候注意以下3点。

（1）背景真实化

创业者要将故事的背景尽可能地放置在真实的生活环境中，把故事发生的环境和背景描述得更加贴近客户的生活环境，让客户感到故事是真实的、是贴近现实生活的。只有真实的故事才能打动人。

（2）人物模糊化

创业者要放弃一部分人物设定，不需要将人物的能力、经历和性格描述得太详细。人物描写得太具体，虽然能够使人物形象更加鲜明，但是在整个故事中，可能会无法令没有经历过这些故事的客户产生共情，从而降低客户对故事的亲切感和带入感。

创业者在讲述公司故事时一定要注意：人物模糊化使故事的受众更能带入到故事中去，有利于故事的传播和公司的推广。

（3）情节的借鉴性

大多数互联网公司的故事看起来都很相似，因为它们借鉴了生活中的某些情节，把这些情节用到故事中去，不仅能够使故事更具有可看性，还能让客户产生共鸣。

能够让客户产生共鸣的故事就是好故事。也就是说，创业者利用以上这

3点，对公司的故事进行组织和制造，让故事能够引起客户的共鸣，有利于公司形象的树立和传播，也有利于客户熟知并记忆公司。即使故事的受众并不能成为公司的客户，也能够成为故事的传播者，扩大公司的影响力。

5.6 品牌溢价，让客户为价值买单

品牌的目的是为了让企业和产品更值钱，而这个溢价的品牌价值是由创业者花费心思做品牌才能产生的。很多没有经验的创业者在做品牌时，往往会忽略掉做品牌的目的。

品牌溢价包含情感的因素，这是由客户的消费心理决定的。由于这样的消费心理，创业者必须使品牌在客户心里的定位高于其他品牌，当公司在客户心中有了这样的形象后，公司产品的品牌溢价就水到渠成，是自然会发生的事情。

试想，如果去超市想买两瓶可乐，一瓶是可口可乐，另一瓶是不知名的可乐，可口可乐每瓶4元，不知名的可乐每瓶3元，人们最后会选择哪款可乐？很多人都会选择可口可乐。可口可乐和竞争对手的1元利差就属于品牌的溢价。

同样质量的某品牌产品能够比竞争品牌的产品卖出更高价格，这就是品牌的溢价能力。品牌的溢价能力主要与以下5个方面有关。

（1）提高产品的质量

创业者加强产品品质的管理是提高品牌溢价能力的首要步骤。客户在购买产品或服务时，主要目的是想要让购买的产品在某些方面发挥作用，只有创业者保证产品的质量，才能为客户长期购买产品打下基础。公司保持长期的信誉是实现品牌溢价的根本。

（2）保证产品的不断创新

保证公司产品的不断创新能够为品牌溢价能力的持续上升带来源源不断的动力。在这个市场竞争激烈、品牌众多的时代，创业者要想脱颖而出就要想办法为公司的产品赋予更多符合公司定位的特性。在市场中实现差异化竞争，和其他品牌区别开来。这里的差异化指的是公司产品功能和特性的差异化，这样的产品特性不是靠低价格就能实现的。

相比于其他品牌多支付出的品牌溢价，建立在差异化基础之上的产品会让客户更愿意支付差额。以一定的差异化功能作为补偿，客户才更愿意买单。

在如今的市场中，产品的同质化现象越来越严重，这种现象导致品牌的溢价空间变得越来越小。创业者只有持续地注重产品创新，才能够使自己的产品区别于其他同类产品，以此来获得比较高的品牌溢价。

（3）增强产品的个性化

现在的客户需求越来越注重个性化、定制化，表达自我消费观念的不断形成也促使产品不断创新。创业者可以利用这一点来提高品牌溢价的能力。

（4）给品牌高档、高价值的印象

创业者要想让品牌在客户心里产生高档和高价值的印象，功能型的品牌就应当持续不断地提高公司的技术及其产品的使用价值。如果一个品牌能够实现产品的功能人性化、外观美观，这样只能提高部分产品的销售价格。但是，若公司能够持续地推出高质量的产品，待公司的品牌长久后，会给客户留下高档和高价值的印象，使得品牌的溢价能力覆盖公司的所有产品。

（5）保持高价格

对于主打情感型的产品，公司不仅要将产品保持在高价格，还要保证公司线下的所有产品都要保持高价，同时不能随意降价。许多服饰品牌在一年中只会在换季和断码时出现降价，其他非季节性的因素一概保持高价格，这就维护了其品牌的高档感和高价值感。

一些品牌在面对销量压力时，会采取降价和低价策略，这时创业者也很可能失去主见，跟着其他品牌一起降价。如何克服这种心理就很考验创业者在品牌管理时的意志力。

第6章

信任营销：使产品快速让客户接受的方法

如今，市场竞争激烈，各种营销手段层出不穷，其中，信任营销逐渐被大家发现并使用。可以说，信任营销是现在市场上效果最好、最有效的营销方式之一。

6.1 西纳特拉测试：展示产品在某些极端情景下的性能

西纳特拉测试表示，如果某人在某一领域取得了令人信服的成绩，那么其在其他领域也能够让人信服，这一现象在营销领域被称为极端案例。

根据这一原理，创业者可以通过展示产品在极端情况下的性能，争取潜在的对产品缺乏安全感的客户，也可以通过展示产品在某一范畴的极端性能，来建立产品的全面可信度。

在推广过程中，将想要推广的产品放在极端的考验情境下，体现其出色的性能，能够快速获得客户的信任。因为客户看到这样的宣传，就会产生这种想法："在这么恶劣的条件下，产品都可以正常使用，那么在日常生活中产品无论怎样使用也不会出问题"。客户会因此对产品的质量产生极大的信任感。

> 某箱包制造公司为了更好地向客户展示产品，公司就在极端的情况下测试产品的性能。公司把他们正在销售的旅行箱作为测试目标，将旅行箱和汽车相撞，目的是测试旅行箱的坚固度。实验最终证明：旅行箱没有损坏，反而是汽车被撞坏一块。这样的测试暗示旅行箱比汽车更加坚固，让客户对产品的质量产生信任。

那么，一般如何设计产品的极端情景？

可用性专家吉尔斯·戈尔伯恩（Giles Colborne）在其著作《简约至上：交互设计四策略》一书中提到如何体现产品在极端情况下的可用性，就是简单的体验和能适应极端的条件。具体来说，就是将产品的可用性能力，从常规状况下的可用性目标提升到极端状况下的可用性目标。

如从产品功能在常温环境里的快速响应到在极寒环境下的迅速响应；从产品能够给客户呈现完整的信息到产品能向客户推荐恰到好处的信息；从产品能在地面上作业到产品能进入水下作业；从产品能够呈现直观的错误到产品能够不出错等。

想要做到这一点就必须找出产品突出于同类产品的特点，根据这一产品想要表现的特点，查看市场上这一特点所处的状况，通过市场状况推演出在极端状况下的性能特点。当某一产品能够做到在某一领域稍微领先于同类产品，那么在市场上它就超过了其他竞争品。

那么，如何向客户展现产品的极端可用性？这要求创业者在进行产品营销时，要注重宣传到点。让客户对产品区别于其他产品的性能一目了然。同时在宣传时不要使用专业术语解释产品的性能，采用生活用语，简单、清晰地描述产品，让所有客户都能明白。

客户在拿到产品的第一时间，可能会翻看说明书。如果说明书里全是晦涩难懂的专业术语和新命名的使用项目，那么客户很快就会对这些内容感到厌烦，转而放弃对产品的探索。

所以，创业者在解释产品性能时要做到把门槛放低，让所有客户都能理解、明白；之后可以再补充专业性的内容，满足专业人群。

6.2 可见效应：逆向运用可获得性偏见

可见效应是对可获得性偏见的逆向应用，是指人们在进行预测和决策的过程中，大部分情况下都会利用自己了解到的或是能够凭借大脑想象到的信息，导致在思考的过程中容易被那些易提取的、比值过大的内容影响。

可获得性偏见是指人们将以往的经验、认知作为观察对象的立足点，以此创造出对目标对象的总体印象，如大部分的客户认为昂贵的产品一定质量好，便宜的东西一定质量不好。

这种偏见无时无刻不在影响着我们的思维。那么，创业者可以把这样的"偏见"思维运用到营销工作中。

比如，客户在选购水果时，大多会选择还带有叶子的、表面有些潮湿的水果，这是因为在客户的认知里，带有茎叶的、表面更水的水果可能是刚刚摘下来的，要更加新鲜。即使其中有部分损坏，客户也会认为可能是运输途中造成的损伤。相反，如果在没有茎叶，甚至表皮干燥的水果堆里看到几个品相不是很好的水果，客户就会下意识地认为这一堆水果都是不好、不新鲜的。因此，大部分店家都喜欢把水果的茎叶和水果放在一起，并时不时向水果的表面喷一些水。

同样的还有现在餐厅流行的开放厨房。店家也是利用了客户认为他们能亲眼看到制作流程的餐厅要比看不到的使用封闭式厨房的餐厅的卫生条件要好得多，客户也会相信他们吃到嘴里的菜是干净卫生的。

6.3 体验至上：让客户身临其境

现代营销学领航者菲利普·科特勒将营销的发展分为三阶段。

第一阶段是以产品为中心的传统时代。这一阶段的产品重点在于解决功能性问题。各种需求品被规模化地大批量生产，千篇一律，其中最具有明显时代特色的的确良衬衫就是最佳例子。

第二阶段进入了以客户为中心的互联网时代。在这一阶段，现代技术使产品被精分细化，电子商务和线下商务结合，将产品兜售给有需要的人群。这时的产品重点在资源的合理配置。

第三阶段是以使用体验与使用场景营销为中心的移动互联网时代。体验营销就是将产品的使用场景和使用体验统统融于产品之中。

体验营销认为"客户体验为营销中心"，所有的营销活动都应以客户的体验为中心。从客户的角度来说，就是在使用产品时带来的体验心情、体验感受。

如果客户在使用时得到了正向的使用体验，那么客户就会被产品所吸引。现在，体验至上的理念已经成为重要的营销理念之一，让客户亲自体验是获得客户信任的最好方法。

食品零售领域经常会利用客户的嗅觉进行营销，借由客户的感官体验来建立信任感。比如，客户容易被更具有食品香气的商店所吸引。因此，很多面包店会使用与面包味道相同的香气，通过扩香机把香气扩散到店面大堂，使客户凭借他们闻到的香味相信面包店的产品足够新鲜且美味可口，从而产生购买动机。芬芳的气味还可以给人宁静舒适的感觉，也可以衬托环境的高雅，这也是现在大多数酒店都使用香氛的原因。

让产品能够满足客户的使用体验有3个步骤，分别是创造产品原型、交互体验、分析改进。

（1）创造产品原型

在设计产品原型的过程中，创业者首先要明确一个中心目标。这个目标就是目标客户，要设想目标客户。要根据选定的目标客户，制定出产品要达到的效果以及产品能够实现的功能。

因此，创业者要根据产品的目标功能，考虑如何使产品呈现出这些功能，进而实现产品功能上的联动，同时还要解决后期出现的功能扩展、技术限制等问题。

（2）交互体验

将产品粗糙地创造出来后，接下来就要考虑交互体验，这就进行到产品的实测环节，在使用中发现产品的问题，并以此进行产品功能设计上的改进。同时，还要根据产品的类型，制定出相应的反馈模型。

在产品的实测环节要快速发现产品的缺陷，思考产品是否满足了客户的真实需求，在使用方面是否满足了客户的心智模型；产品还能够在哪些方面提高并满足客户的潜在需求。

（3）分析改进

最后，创业者要根据交互体验中收集到的反馈进行产品功能的修改。分析产品问题发生的原因，并制定出相应的解决方案。如果在产生多个解决方案的同时没有方案的相关数据，那么还需要将待解决任务重新带到交互体验中进行确认。

6.4 价格标签：以质量为先导

在保证产品质量的前提下，创业者可以为产品制定较高的价格，价格高的产品比价格低的产品更容易获得客户的信任。创业者还可以通过调整产品的价格来引导客户做出消费决策。一般情况下，客户在做出消费决策的过程中，主要有两条决策路径，分别是中央路线和边缘路线。

（1）中央路径

中央路径指的是客户购买意愿的形成或改变，取决于客户本身对产品的信息已经进行了大量的理性思考。简单来说，就是客户已经有了购物目标，从而产生了购买行为。

（2）边缘路线

边缘路线是客户购买意图的形成并未经过充分的思考，而是通过名人的介绍、朋友的推荐或者任何能够引起正面感觉的边缘线索而产生的购买行为。简单来说，就是受到外界的刺激，从而产生了购物行为。

比如，某培训导师推广线上培训课程，最初定价是1980元/人，但是购买的人并不是很多，而且大部分都犹豫不决。当该导师大胆地把课程价格调整至2980元/人时，却反而遭到疯抢，不仅在4小时内就卖光了所有的既定名额，还额外多开了2个班。

将产品抬高价格的行为其实是向犹豫不决的潜在客户发放信号，以此引导客户以边缘路线来做购买决策。一般人都会有思维惯性，认为高价格就意味着高价值。因此，创业者抬高产品的价格会让客户意识到产品可能会有更高的价值。这种思维惯性在吸引潜在客户的过程中起着很重要的作用。

如果遇到市场波动的情况发生，公司则要适时轻微地、频繁地抬高价格，根据市场情况合理地改变产品的价格，而不是明显地、大幅度地调高价格。适时而又轻微的涨价策略会给客户带来一种稳定上升的感觉，进而产生信赖。

6.5 产地标签：突出其独特性

经过了时间层面和口碑层面的积累，客户自然会对某些地域产生较为固定的认知和评价，创业者正好可以使用这些经过沉淀后的地域信息进行产品营销。创业者可以通过社会对这些固定地域的既定认知，建立起公司产品的形象，依靠产品产地的形象在客户心中建立信任感。

> 为了建立客户对其牛奶品质的信任，特仑苏对产地进行了介绍，"常年温暖的日照和舒适的气候，令北纬40度成为世界公认的'黄金奶源纬度带'，汇集了世上最优质的草原和牧草。特仑苏的专属牧场，正是坐落于得天独厚的黄金奶源纬度带之上，享受北纬40度独有的阳光气候，以及海拔1100米之上的优质土壤。"

与其有异曲同工之妙的是云南白药。对于产地，云南白药有如下介绍。

> 被明代著名的药学家李时珍称为"金不换"的田七，也就是三七是云南白药的主要成分。清朝药学著作《本草纲目拾遗》中记载："人参补气第一，三七补血第一，味同而功亦等，故称人参三七，为中药中之最珍贵者。"
>
> 三七的产地十分集中，云南占绝大部分，其中以文山州各县为主要产区。被誉为"三七之乡"的文山州砚山、马关、西畴等县栽培三七已有三四百年的历史，云南白药中使用的三七也正产于此地。

这两个品牌都是通过对产品产地的叙述，使客户对产品的产地有了清晰的认知，进而产生了对产品的信任。

需要创业者注意的是，在使用产品产地进行产品宣传时，要使用在客户心中已经建立起正向形象的产地，使用已经获得客户认可的产地，才能获得客户对产品的信任。

6.6 逆向营销：技巧性的坦诚更易获得信任

相比自卖自夸式的营销方式，使用逆向营销更加符合现在的市场环境，通过技巧式的坦诚和适度的自我揭短，更容易获得客户的信任。

逆向营销的出现，很大程度上是由于年轻人对曾经盛行的吹捧式宣传的反感，相较之下，自黑和自嘲、适当地揭露一些缺点更能让年轻人接受，逆向营销正是满足了年轻人对自己真实生活状况的一种调侃。因此，创业者要使用逆向营销进行产品的宣传。

每一个人都能认同世界上没有完美的产品，每件产品都存在缺陷。然而，很多产品在宣传时都避开了产品的缺点，将产品塑造成完美的形象，这样的做法并不会增加客户对产品的信任。相反，如果创业者能够披露产品的部分问题，反而能够拉进产品和客户之间的距离，更容易对产品增加好感度，提高产品在客户心中的可信度。

如一家培训公司在宣传其课程内容时，就提到了其课程产品的缺陷，自嘲说其线下的课程产品更新慢。但是，这是由于其公司对课程的质量要求高，在课程上线前会经过主讲人的反复修改，所以造成了课程产品的更新慢，希望能够得到学员的谅解。

公司这样披露其产品的缺点，不仅没有使课程的购买量减少，反而实现了销售的增长。获得了学员的信任。虽然这种缺点是可见的缺点，当被公司主动地有技巧地提出来之后，就变成了一种自黑和自嘲，反而获得了客户的信任。

传统的营销思维是自上而下的，先由公司制定营销战略，随后选择对应的战术。而逆向营销理论则恰恰相反，它认为战略应当自下而上发展，先制定战术再决定战略。其理论可从三个方面阐述。

（1）战略源于战术

营销战略要自下而上制定，依据战术制定战略。公司先选择一个有竞争优势的、具有可操作性的战术，然后根据战术的发展将其转变为成长期性的营销战略。

（2）战术决定战略

如同结构服从于功能，企业的战略也由企业的广告宣传等营销战术支配。

（3）战略推动战术

营销战略的目的在于推动战术的运用，战略的唯一目标就是实现战术的成功。

总之，自下而上发展的逆向营销能够通过合理的战术的使用，有技巧地展示产品的缺点。这样做体现了创业者的坦诚，同时适度的自我揭短更能体现产品的特点，使创业者及其产品更容易获得客户的信任。

6.7 权威力量：用背书传递信任

现代生活纷繁复杂，一位经过慎重挑选的专家可以为创业者提供宝贵而高效的意见，减少创业者的决策时间，帮助创业者制定更好的决策方案。在很多人看来，权威就意味着可靠。因此，具有权威性的东西很容易得到客户的认可，从而获得好的口碑。

随着生活水平的提高，人们越来越注重健康，健康产业炙手可热。尤其是药品、保健品、食品，如果这些公司在宣传自己的产品时，有通过权威专家的论证、客户体验后的证明等，会使客户对产品的信任度大大提升。我们经常听到根据某专家检测、某专家的意见等宣传话语，这就是公司试图通过这样的方式在客户心里建立权威的形象。

创业者要想让客户相信权威的鉴定，让客户有充分的理由听信专家建议，创业者就应当让自己的公司得到认可。比如，对自己的产品进行公开检验，利用专家对产品进行分析，展示权威机构的认证等。

值得注意的是，权威一定是真正的权威。创业者可以根据权威的专业知识，以权威的意见为指导，来进行产品的设计、制作和营销。通过权威的力量增加客户对公司的信任和好感度，增强公司产品的竞争力。

第7章

财务关键词：亏的明白，赚的清楚

创业者要想熟练应对公司财务管理的问题，先要了解财务管理工作的基础知识，包括公司日常收支、公司资产收益等内容。下面将通过各个击破的方式让创业者快速掌握财务知识。

7.1 权责发生制

权责发生制属于会计要素确认计量方面的要求，它主要明确收入和费用的确认时间及具体金额。由于它要求收入和费用的确认应以实际发生的为标准，因此又叫应收应付制原则。

在权责发生制这一原则下，在本期内已经收到和已经发生或应当负担的一切费用，不论其款项是否收到或支付，都要作为本期的收入和费用处理。反之，如果收到了不属于本期的收入和费用的款项，也不将它作为本期的收入和费用。

目前，在我国商业银行的财务核算中，权责发生制几乎已经运用到所有的收支项目中。依据我国现行的《公司财务通则》及行业财务制度，在商业银行的财务结算中，许多收支项目都实行了责权发生制，主要包含以下几个方面。

①逾期半年以内的贷款利息收入。

② 金融机构往来收入。

③ 投资收益。

④ 定期存款利息支出。

⑤ 金融机构往来支出。

⑥ 固定资产修理、租赁、低值易耗品购置、安全防卫等大宗费用支出。

⑦ 无形资产摊销。

⑧ 固定资产折旧。

⑨ 各种税金。

了解了权责发生制之后，创业者还需要知道权责发生额的概念。它是指在权责发生制基础上，实际收到的款项数额，也可以指会计在法律法规允许的范围内利用权责发生制获利的资金金额。

虽然权责发生制能够合理地反映企业的经营业绩，几乎可以完全取代收付实现制。但权责发生制也有局限性，体现在反映企业的财务状况。

由于权责发生制把应计的收入和费用都反映在损益表上，而在资产负债表上则部分反映为现金收支，部分反映为债权债务。导致有些陷入财务困境的公司可能从损益表上看经营状态很好，效率很高，这是因为在资产负债表上没有相应的变现资金。为应对这种情况，弥补权责发生制的不足，创业者可以编制以收付实现制为基础的现金流量或财务状况变动表。

7.2 应付账款、应收账款

"一手交钱一手交货"只适用于零售业，对很多公司来说，赊销是件很无奈的事。不做赊销，经销风险大，经销商不敢冒险，产品就卖不出去；做赊销，公司就有可能面临账款无法收回、钱货两空的巨大风险。

尽管公司有时因为账款难以收回感到无奈，但这就是公司发展的"潜规则"。在会计核算中，应收账款和应付账款是账款管理的主要内容。

应付账款属于会计学的知识，它是指公司应当支付但是还未支付的手续费和佣金，主要用来核算公司因购买材料、商品和接受劳务供应等经营活动应支付的款项。

应付账款是一个公司产生的债务，其原因是买卖双方在购销活动中采取了先取得物资后支付货款的形式。简单来说，就是购买和支付款项这两种活动并非同时发生。

应收账款是指公司因销售商品、提供劳务等经营活动，应向购货单位或接受劳务的单位收取的款项。一般情况下，应收账款按照实际发生的交易价格入账，主要包括发票销售价格、增值税和代垫运杂费等。

为了保证应收账款能及时到账，应收和应付双方会约定一个还款日期。应付方应在约定的时间内确认付款，应收方则需要在同时间内对款项进行明细核算，然后确认收款。

可以说，应收账款是购买方占用销售方资金的形式，公司的发展离不开资金。为了保证公司的正常经营及持续发展，销售方也应及时收回应收账款。如果遇到应付方拖欠账款的情况，可以采取合法措施进行催收。若遇到应收账款无法收回的情况，可拿出相关证据按规定程序报批，做坏账损失处理。

7.3　应付与应收账款周转天数

应付账款周转天数又叫平均付现期，是指公司需要多长时间付清供应商的欠款。这个概念属于公司经营能力分析的范畴。一般来说，应付账款周转天数越长越好，因为这能在短期内为公司提供充足的运营成本。

$$应付账款周转天数 = 360 / 应付账款周转率$$

应付账款周转天数在一定程度上反映了公司的信誉情况及经营情况。公司在行业内的信誉越好，经营状况越好，越有可能获得更长时间的应付账款周转天数。

应收账款周转天数是一个与应付账款周转天数相对应的概念，是指公司从取得应收账款的权利到收回款项、转换为现金这一过程所需要的实际时间。显然，应收账款周转天数越短，说明流动资金的使用效率越好。对于公司来说，其应收账款周转天数越短，公司的竞争力越强。

$$应收账款周转天数 = 平均应收账款余额 \times 360 / 营业收入$$

目前，很多行业中都存在信用销售的情况，因此，不可避免地形成了大量的应收账款。公司要想得到更好的发展，有效地将应收账款变为实际资金是非常关键的步骤。

7.4 资本支出、资本成本

资本支出同样是会计学中的一个重要概念，它又被称为收益支出，是指使固定资产增值所产生的所有经费的支出。

公司的资本支出是长期资金投入的增加，它是一个增量概念。资本支出也叫收益性支出的对称，诸如房屋、机器设备的购置费用，设备的维修费用，打造公司文化的费用等都属于资本支出。

$$资本支出 = 购建固定资产、无形资产和其他长期资产所支付的现金$$
$$资本支出 = 购置各种长期资产的支出 - 无息长期负债的差额$$
$$资本支出 = 净经营长期资产增加 + 折旧与摊销$$

其中，长期资产包括长期投资、固定资产、无形资产等。

资本成本不是实际支付的成本，而是一种机会成本。所谓机会成本，是创业者在有限的资源内，将这些资源用到某一个项目时，不得不放弃将其用于其他活动所能获得的最高收益。概括来说，机会成本是指为了从事某件事情而放弃其他事情的最大价值。

比如，有一块土地可以选择用来种粮食，也可以选择用来开发房地产，若种粮食的收益是2000元，开发房地产的收益是50000元。那么，当这块地用来种粮食时，机会成本就是50000元；而当这块地用来开发房地产时，机会成本就是2000元。

在决策时，机会成本越小，风险系数越小。创业者需要了解机会成本这个概念，明确做任何决定都存在潜在的损失，应善于避开不必要的投资风险，选择最高价值的选项，放弃选择机会成本最高的选项，为公司的发展做出正确的决策。

资本是一个公司赖以生存发展的重要前提。所以，当公司在发展过程中遇到资本短缺的情况时，会通过发行债券、发行股份，以及向银行或非银行的金融机构借款、贷款的方式来填补资本的空缺。

公司不论采取哪一种方式，都需要支付一定的费用。这些费用就是公司取得资本的代价。因为公司需要为发行的债券、股份支付股息、利息，需要为借款、贷款支付利息。所以，这些股息、利息就成为公司使用资本的代价。

资本成本按其性质，可以分为债务资本和自有资本。债务资本是指借入的长期资金，对于这类资本的成本，公司需要还本付息，因此会给公司带来较大的财务风险。自有资本则是指公司自身拥有的资本，公司在使用这类资本的时候，不用支付利息，也不用还付本金，所以相对来说风险较小。

资本成本是公司决定筹资与否的依据，是公司评价和选择投资项目的标准，是衡量公司资金效益的临界基准。因此，资本成本这一概念在公司经营的过程中有着非常重要的意义和作用。

7.5 成本收益分析、流动比率

成本收益分析是指以货币单位为基础，对公司的投入与产出进行估算和衡量的方法。通过科学的预估方案，对公司未来的投入与产出关系做出一个尽可能科学的估计。

从经济学上来看，成本收益分析方法是公司经济活动中普遍使用的一种方法，这种方法的前提是帮助公司以最小的成本获取最大化的收益。

流动比率是指流动资产对流动负债的比率，其作用是衡量公司流动资产在短期债务到期以前，可以变为现金的用于偿还负债的能力。

流动比率越高，公司资产的变现能力越强，相应的短期债务偿还能力越强。反之则说明短期债务偿还能力弱。一般情况下，公司的流动比率在2∶1以上，也就是流动资产至少是流动负债的2倍才能够保证公司的偿还能力。

流动负债也叫短期负债，它是指公司在一定营业周期（一年或两年）内将要偿还的债务，包括应付账款、应付票据、应付股利、短期借款、预收账款、应交税金以及其他暂收应付款项。

7.6 直接成本、间接成本、固定成本

直接成本是指产品的直接生产成本以及直接计入成本的费用，如产品生产的原材料、人工劳务费、场地费等。而间接成本则是指产品的间接生产成本以及间接计入成本的费用，如机器耗损费等。

不论是直接成本还是间接成本，它们都是从两个角度进行定义的，即成本与生产工艺的关系以及费用计入生产成本的方式。

通过对直接成本与间接成本这两种类型成本的分析，可以帮助公司正确计算出产品成本，为产品标明一个合适的价格提供依据。这样既能保护客户的权益，也能保证公司的获利情况。

通常情况下，对于能直接计入产品的费用，都将其作为直接成本处理。为了保证间接成本计算的准确性，在计入间接成本时，其分配标准应与被分配费用之间有密切的关系。

公司也可以在直接成本和间接成本的具体数据中找出公司运营的不足之处，然后有针对性地进行改正。如果发现产品较同行业其他公司来说，直接成本过高，可以在产品原材料获取渠道及生产工艺等方面进行改进，从而降低成本，提高产品的竞争力。如果是间接成本过高，可以在提高管理效率等方面下功夫，进而降低成本。

固定成本又叫固定费用，它是指在一定时期和一定业务范围内，即使业务量出现了或增或减的现象，但成本总额依然能保持不变的成本。

从固定成本的概念中可知，固定成本的固定性是有条件的，即固定成本总额只有在一定时期和一定业务范围内才是固定的，否则就会发生变动。

固定成本的意义在于能够帮助创业者在固定资产投资上保持理性的态度，有效保持固定成本在总成本中占有平衡的份额，从而降低运营成本，提高固定资产的利用率，促进公司的长足发展。

另外，固定成本是相对于变动成本而言的，变动成本不是固定的，是随着产量的变化而变化的，常常在实际生产过程开始后才需支付。支付的各种变动生产要素的费用，包括购买原材料及电力消耗费用、工人工资等。

7.7 财务杠杆、投资资本、实缴股本

财务杠杆是指由于固定债务利息和优先股股利的存在，而导致普通股每

股利润变动幅度大于息税前利润变动幅度的现象。因此，财务杠杆也叫筹资杠杆或融资杠杆，它是一个应用非常广泛的概念。

如果强调财务杠杆是对负债的一种利用，那么可以将它定义为公司在制定资本结构决策时对债务筹资的利用。如果强调财务杠杆是由负债经营引起的，则可以将其定义为通过在筹资中适当举债，达到调整资本结构，给公司带来额外收益的财务管理方式。

在这种情况下，财务杠杆有正负之分，如果负债经营能让公司的股利上升，便称之为正财务杠杆，反之则称为负财务杠杆。财务杠杆作用的大小可以用财务杠杆系数来表示，财务杠杆的作用与财务杠杆系数之间呈正相关关系。

财务杠杆系数=普通股每股利润变动率/息税前利润变动率

投资资本则是指所有投资者为公司顺利经营而投入的全部资金的账面价值，也指公司全部资产减去商业信用债务后的净值。投资资本由两部分组成：债务资本和股本资本。其中，债务资本指的是债权人提供的短期和长期贷款，不涵盖应付账款、应付单据以及其他的应付款等商业信用负债。

投资资本=权益资本投入额+债务资本投入额

投资资本还包括"股东权益+全部利息债务""运营资本+长期资产净值-无息长期负债"。

实缴股本是指公司成立时实际收到股东所投入的资金总额，因此它又叫"实收资本"，是公司实际上拥有的资本总额度。由于《中华人民共和国公司法》（以下简称《公司法》）对公司资本实行一定程度上的授权资本制，在股东认购股份后，可以一次性缴清，也可以在一定期限内分期缴纳。因此，公司的实缴股本一般会小于注册资本。

7.8 财务报表、资产负债表、现金流量表、损益表

财务报表就是指公司主体财务状况以及经营状况的会计报表。它是以会计准则为规范编制的,是用来向所有者、债权人、政府及其他有关各方、社会公众等外部反映公司财务及经营状况的一系列会计报表。

有人把财务报表比喻成公司的"听诊器",它能让创业者及其他人员从密密麻麻的数据背后看到公司以前、现在和未来的发展状况,还能准确分析公司的经营状况与潜在风险。

财务报表由现金流量表、损益表、资产负债表、利润表、财务状况变动表、附表组成。财务报表是财务报告的一部分,因此,要求财务报表中的各项数据必须真实可靠、内容完整、数据计算准确、报送及时、手续齐备。

财务报表按照不同的分类标准可分为众多类别。例如,按编制的时间分类,可以分为月报、季报和年报;按服务对象分类,可分为对外报表和内部报表两种。

对于公司来说,财务报表通过揭示公司的财务状况、现金流量、经营成果,能够让公司管理者清晰地了解公司运营的状况,从而据此做出改变管理方式与否的决定。这不仅不会耽误公司的发展,反而能提升公司的竞争力。

资产负债表也被称为"财务状况表",是指公司在一定日期(通常为各会计期末)反映财务状况(即资产、负债和业主权益的状况)的主要会计报表。

资产负债表是利用会计平衡原则,将合乎会计原则的资产、负债、股东权益,经过分录、转账、分类账、试算、调整等会计程序后,以特定日期的静态公司情况为基准制作的一张报表,示例如表7-1所示。

表7-1 资产负债表

资产负债表 年 月 日							
编制单位：				单位：元		
资产	行次	年初数	期末数	负债及所有者权益	行次	年初数	期末数
流动资产：				流动负债：			
货币资金	1			短期借款	30		
应收票据	2			应付账款	32		
应收账款	3			预收账款	33		
减：坏账准备	4			其他应付款	34		
应收账款净额	5			应付工资	35		
存货	6			其他未交款	39		
流动资产合计	7			流动负债合计	43		
资产总计	29			负债及所有者权益总计	58		

从会计程序来看，资产负债表是簿记记账程序的末端，是经过分录、过账及试算调整后的最后结果与报表。它体现的是公司全体或公司资产、负债与股东权益的对比关系，能够真实地反映公司的实际运营状况。

由于资产负债表是按照一定的分类标准以及一定的次序排列编制而成的，因此，对于公司来说，这份报表能帮助公司内部除错、寻找经营方向、消除公司经营弊端。除此之外，资产负债表还能让公司创业者及外界人士在阅读后，清楚地了解公司目前的经营状况。

现金流量表是公司在一定时期（一个月或者一个季度）内，其现金（包括银行存款）的增减变动情况表。也就是说，公司的经营、投资与筹资活动所产生的现金流入与现金流出，都能在现金流量表中反映出来。

根据现金流量表中的资金用途，可以将其分为经营、投资、金融三种现金流量类型。现金流量表是一个分析工具，它能够用来反映公司在短期内的生存能力。与传统的损益表相比，现金流量表在对公司实现利润的评价以及财务状况和财务管理方面，能够发挥更直观的作用。现金流量表示例如表7-2所示。

表7-2 现金流量表

现金流量表		
编制单位：某公司　　2020年　　单位：元		
项目	行数	金额
一、经营活动产生的现金流量		
销售商品、提供劳务收到的现金	1	19180.00
收到增值税销项税额	2	
现金收入小计	3	19180.00
购买商品、接受劳务支付现金	4	2000.00
支付给职工的现金	5	
支付的各项税费	6	
支付的其他与经营活动有关的现金	7	700.00
现金支出小计	8	2700.00
经营活动产生的现金净额	9	16480.00
二、投资活动产生的现金流量		
收回投入所收到的现金	10	
分得股利或利润所收到的现金	11	
处置固定资产收回的现金	12	
现金收入小计	13	

续表

现金流量表		
编制单位：某公司　　2020年　　单位：元		
项目	行被	金额
构建固定资产所支付的现金	14	10000.00
现金收入小计		10000.00
投淡活动产生的现金流动净额	15	10000.00
三、筹资活动产生的现金流量		
借款所收到的现金	16	
现金收入小计	17	
偿还债务所支付现金	18	-
偿还利息所支付的现金	19	
现金支出小计	20	
筹资活动产生的流量净额	21	
企业负责人：　　　主管会计：　　　制表：		
报出日期：　年　月　日		

通过现金流量表能够看出公司是否有能力应付短时期内的所有运营开销，也能够看出一家公司的经营状况是否健康。例如，如果公司经营活动所产生的现金流不足以支付股利，也不能维持股本的生产能力，就说明这家公司的发展方式或者运营状况出现了问题。

损益表也叫利润分配表或损益平衡表，它是财务报表的一种，是用来反映公司在一定时期内的获得利润或发生亏损的情况。损益表的内容包括一定时期内公司的销售成本、销售收入、经营费用及税收费用。总之，公司在一定时期内所创造的经营业绩都是损益表中的内容。

损益表与其他财务报表不同的是，它是一张动态的财务报表。对于创业者来说，能够从损益表中分析利润增减变化的原因，从而为自己的经济决策，如公司经营成本的预算、投资的价值评价等找到依据，损益表示例如表7-3所示。

表7-3 损益表

损益表			
			企会02表
编制单位：			单位：元
项目	行次	上年累计数	本年累计数
一、主营业务收入	1		0
减：主营业务成本	4		0
主营业务税金及附加	5		0
二、主营业务利润（亏损以负号填列）	10		0
加：其他业务利润（亏损以负号填列）	11		0
减：营业费用	14		
管理费用	15		0
财务费用	16		0
三、营业利润（亏损以负号填列）	18		0
加：投资收益（亏损以负号填列）	19		0
补贴收入	22		0
营业外收入	23		0
减：营业外支出	25		0
四、利润总额（亏损以负号填列）	27		0
减：所得税	28		
五、净利润（亏损以负号填列）	30		
单位负责人：		财会负责人：	

损益表主要由利润构成以及分配两个项目组成。如果将损益表中的利润分配部分单独提取出来,就是一份利润分配表。

7.9 资产周转率、账面价值、预算编制

资产周转率是指销售收入的总营业额和总资产之比,它是衡量公司资产管理效率的重要财务比率。因此,资产周转率在财务分析体系指标中占有重要地位,计算公式为:

$$资产周转率 = \frac{总营业额}{总资产值} \times 100\%$$

在考察公司资产运营效率时,总资产周转率是一个很重要的指标。因为它能够体现公司在经营期间全部资产从投入到产出的流转速度,能够反映公司全部资产的管理质量和利用效率。

对于一个公司来说,通过分析总资产周转率可以发现公司与同类公司在资产利用上的差距,能够促进公司提高资产管理质量,提高资产利用效率,最终促进公司的长久发展。从这一点上来看,资产周转率在公司发展中也具有非常重要的意义。

账面价值通常指的是资产类科目的账面余额减去相关备抵项目后的净额,这里提到的账面余额是指某科目的账面实际余额,也就是指没有进行过备抵项目的扣除,如累计折旧、相关资产的减值准备等。账面价值的计算公式为:

账面价值=资产账面余额-资产折旧或摊销-资产减值准备

与账面价值相关的概念还有账面净值,它通常是指资产类科目的账面余额减去相关备抵项目。

账面价值根据公司类型也有不同的分类，在股份有限公司中，账面价值也称股份净值。对固定资产来讲，

账面价值=固定资产的原价−计提的减值准备−计提的累计折旧账面余额
　　　　=固定资产的账面原价

账面净值=固定资产的折余价值=固定资产原价−计提的累计折旧。

预算编制是《中华人民共和国预算法》的主要内容，是各级政府、各部门、各预算单位制定筹集和分配预算资金年度计划的预算活动。

在公司经营过程中，为了确保经营活动能够顺利持久地进行，引进了预算编制的做法，预算编制分为自上而下和自下而上两种形式。

所谓自下而上的预算编制，是指从基层管理人员出发制定的预算编制。这一做法的优势在于基层人员对具体活动的流程及所需资源有一个更好的把握，让他们在进行预算的过程中能够减少资源浪费。

自下而上的预算编制的具体要求是全面考虑所有涉及的工作任务。在这个过程中，一般要求运用WBS（Work Breakdown Structure，工作分解结构）对项目所涉及的所有工作任务的时间和预算进行仔细地考察。

虽然这一做法是从基层管理人员出发的，但最终还是要交由上级管理部门审核。在预算编制过程中，一定要实事求是。

但是，有些公司可能会出现基层人员高估自己的资源需求的状况，因为他们认为上层管理人员一定会削减预算。与此同时，上层管理人员也会认为基层人员造假。长此以往，一个不健康的预算体系就会逐渐形成。从长远来看，这显然不利于公司的发展。因此，要保证自下而上的预算编制能切实发挥作用，还需要制定一套完善的监督、审核体系。

7.10 销售毛利、成本、经济增加值

销售毛利是针对公司所出售的商品而言的，它是直接用销售价格和进货价格比较。比如，某商店一件商品的进货价是500元，之后该商品以1000元的价格售出，此时商品的销售毛利就是500元。销售毛利的计算公式主要有以下三种。

（1）销售毛利=销售收入净额-销售成本销售收入净额

（2）销售毛利=销售收入-销售折扣或转让

（3）销售毛利=销售净额×毛利率

与销售毛利相对应的一个概念是净利润，它是销售毛利扣除费用以后的利润。还以上述商品为例，该商品的净利润是扣除房租、水电费等杂费的利润（比如每件商品平均扣除200元的费用），则该商品的净利润300元。

成本是商品价值的组成部分，它是指人们在从事生产经营活动或达到一定目的的过程中，都会耗费一定的资源，而成本就是这些耗费资源的货币表现。随着商品经济的发展，成本概念的内涵和外延也在不断地扩大。

对于一个公司来说，在进行产品生产活动时，会不可避免地消耗生产资料、劳动力等资源。而这些被消耗的资源就是成本，若用货币的形式来计量，就表现为材料费用、工资费用、折旧费用等。另外，商品在开发环节及销售环节也会耗费管理费、场地费、人力费等费用。所以，这部分费用也需要计入商品的成本中。

经济增加值也叫经济附加值，它是指公司从税后净营业利润中，扣除股权和债务的全部投入资本成本后的所得。因此，经济增加值可以作为评判公司经营者使用资本的能力，以及为股东创造价值的能力。显然，当公司盈利

额高于资本成本（即股权成本与债务成本之和）时，才能为公司股东创造价值。经济增加值的计算公式为：

<u>经济增加值=税后营业净利润-资本总成本</u>

对于一个公司来说，经济增加值也是其业绩评估的标准。所以，它也可以作为公司经营业绩考核的工具。有了经济增加值这一标准，公司管理者能够及时调整管理策略的方向，不至于出现在产品滞销的情况下，还在扩大生产。

7.11 固定资产、流动资产

固定资产属于非流动资产的范畴，它是公司所持有的特定资产，其有两个衡量标准：一是公司使用时间超过12个月；二是价值达到一定标准的非货币性资产。满足这两个条件的公司的资产，就能成为公司的固定资产。

一般来说，公司的固定资产指的是公司所使用的房屋、机器设备、运输工具等与生产经营活动密切相关的设备。固定资产的特点如图7-1所示。

图7-1 固定资产特点

另外，从性质上来看，固定资产往往是一个公司赖以生存和发展的前提。从会计学的角度来看，固定资产可以分为生产用固定资产、非生产用固定资产、租出固定资产、未使用固定资产、不需用固定资产、接受捐赠固定资产、融资租赁固定资产等。

对于公司管理者来说，为公司购买固定资产往往要付出较大的成本或代价。但如果从长远来看，若所得到的收益能大于付出的成本，公司管理者可以考虑购买。反之，则要慎重对待。

流动资产是指公司在一定营业周期（一年或两年）内可以变现或者耗用的资产。流动资产是公司资产中必不可少的组成部分，流动资产包含的要素主要有以下几种，如图7-2所示。

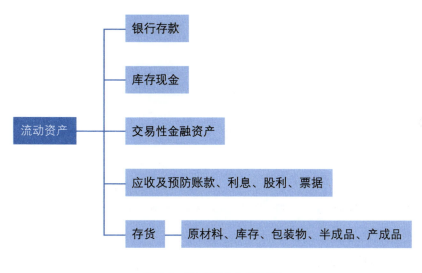

图7-2　流动资产包含要素

流动资产在公司运营的过程中，其形态不断发生变化，从最初的货币形态依次变成储备资金、固定资金、生产资金、成品资金，最终又将变回货币资金。

在这个过程中，流动资产的变化形态始终与公司的生产流通环节紧密相连。为了确定流动资产的合法性和合规性，也为了便于检查流动资产的业务账务处理的正确性，提高流动资产的使用效益，创业者有必要加强对流动资产业务的审计。

对公司资产来说，除了流动资产以外，还包括非流动资产。非流动资产是指不能在1年或者超过1年的一个营业周期内变现或者耗用的资产，其包含的要素主要有以下几种，如图7-3所示。

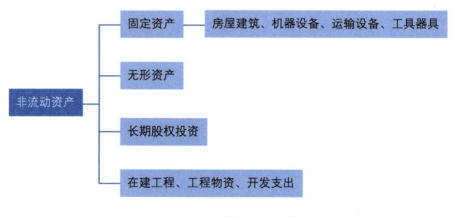

图7-3　非流动资产包含要素

无论是流动资产还是非流动资产，都是由公司过去的交易所形成的、被公司拥有或者控制的、预期会给公司带来经济利益的资源。所以，两者对公司的发展壮大都有非常重要的意义。

7.12　销售回报率、资产回报率、投资回报率

销售回报率是衡量公司从销售额中获取利润多少的指标。它的计算基础是税后净利润和总销售额。销售回报率的计算公式为：

$$销售回报率 = 税后净利润/总销售额 \times 100\%$$

对销售回报率的计算，可以给创业者提供是否需要更换销售管理策略的依据。如果销售回报率偏低，则说明公司的销售方式有待改进；反之则证明公司的销售情况良好、公司的总体运营态势良好。

资产回报率又称资金利润率，它是衡量公司对所有经济资源运用效率的指标，主要用来表明每单位资产创造了多少净利润。资产回报率的计算公式为：

$$资产回报率 = \frac{税后净利润}{总资产} \times 100\%$$

资产回报率越高，每单位资产带来的价值越大，说明公司对资产的利用效率越高。

例如，沃尔玛和某普通商场出售同样一款洗发水，假设普通商家的售价是45元，而沃尔玛的售价为38元，那么普通商场的利润率为3%，沃尔玛的利润率为10%。从表面上看，两者的利润率相差悬殊，沃尔玛似乎毫无优势可言。

但是，普通商场一个月可能只进一次货，而沃尔玛的商品一个月可能会周转10次。因此，普通商场一个月的利润率只是10%，而沃尔玛用同样的资金获得了3%×10＝30%的高额利润。

投资回报率是衡量投资活动所带来收益的大小。对于一个公司来说，投资回报通常是公司获利的重要来源。当一个公司为了提高生产效率而购进一批先进的生产设备，也叫投资。同样，公司购买债券、股份，这也是投资方式的一种。因此，投资可以分为实业投资和金融投资两种。

投资回报率的计算非常简单，其计算公式为：

$$投资回报率 = \frac{年利润或年均利润}{投资总额} \times 100\%$$

投资回报率是公司从某项投资性商业活动中获得的经济回报。投资回报率的高低是衡量公司盈利状况所使用的比率，也是衡量公司经营效果的一项综合性指标。因此，了解投资回报率，可以为公司优化资源配置。

第 8 章

合理节税：不偷税、不漏税的节税方法

创业者在经营一家公司的过程中，运营成本是首要考虑的问题之一。在公司的运营成本中，所需缴纳的税款占据了相当大的比例。尤其是对于一家新公司来说，运营初期难免会受资金短缺等问题的困扰。

缴税纳税是每一位创业者应尽的义务，偷税漏税会接受法律的惩罚。但是，创业者可以通过合理避税的方式减轻税款压力，从而减轻资金压力。本章将介绍多种合理避税的方法，在不违反法律法规的前提下，为公司节省开支。

8.1 技术入股节税法、电子商务省税法

技术入股是指技术持有人（或者技术出资人）以技术为无形资产成为公司的股东。虽然技术是一种无形资产，但技术持有人（或技术出资人）可以对它所能创造的价值进行估计。这样，无形资产就变成了有形资产，也就可以作为入股公司的条件了。

我国已经为技术入股设立了专门的法律法规。也就是说，技术入股是法律法规支持的，受法律法规保护。《中华人民共和国公司法》以及国家科学技术委员会制定的《关于以高新技术成果出资入股若干问题的规定》中都有支持技术入股的相关内容。技术成果的价值转化已经有了良好的保障前提。

事实上，很多公司的创立者同时也是公司核心技术的所有者，他们之所以能创立公司，就是因为掌握了核心技术。正是由于核心技术所带来的竞争力，公司才能在竞争激烈的市场中生存和发展。

如果他们以技术入股，还能为公司节省一大笔税款。因为公司在经营的过程中会获得一定的收入，而国家会针对公司的运营收入征收所得税。所得税是从公司的纯利润中征收的，也就是说，公司的营业所得减去所有营业成本后的部分，需要依法向国家缴纳所得税。

如果公司的创立者将自己所掌握的技术作价后入股公司，那么在计算运营成本的时候，就需要将这一部分资金计算进去。显然，这就能增加营业成本，降低营业所得费用，从而达到少缴所得税的目的。

当前，电子商务的发展态势非常强劲，在促进国民经济增长方面发挥了很大的作用。国家对这种商业模式非常看好，给予了很多政策上的支持，如电子商务可以少缴印花税等。

由于征税人会在应缴税款且完成缴纳的凭证上粘贴印花税票，所以就有了印花税这一名称。印花税的征税对象是经济活动和经济交往中设立、领受具有法律效力凭证的行为。显然，在经济活动和经济交往中会大量使用到具有法律效力的凭证。因此，印花税是公司经营者需要缴纳的一大笔税费。

如果创业者将经营活动从线下转移到线上，即采用电子商务模式，就能有效节省一大笔印花税税款。在互联网日渐发达的今天，开展电子商务模式并不难，这也是一种顺应时代发展潮流的正确做法。

8.2 租赁办公场地节税法

> 小王是一名室内设计师,多年的工作经验让他在这个行业中可以独当一面。为了取得更大的成就,他开了一家属于自己的公司。由于公司的规模不算大,所以并不需要很大的办公场地。为了节省费用,小王将自己的一套三居室改成了办公场地。
>
> 然而,当工作室运营一段时间后,小王按照法律法规的要求去税务局缴纳税款的时候,他却怎么也高兴不起来了。因为小王所要缴纳的税款不是一笔小数目。缴纳税款后,小王粗略地给自己算了一笔账,除去人工费、物料费等各种运营费用以及税款后,几乎没有利润了。

事实上,很多创业者,尤其是开公司的新手,他们都遇到过类似小王这样的问题。那么,面对高额的税款该如何依法应对?其实,像小王这种情况,可以通过租赁办公场地来减少税款的支出。小王用自己的房屋作为办公场地,看似节省了一大笔租赁费用,实则需要缴纳更多的税费。

如果小王选择租赁办公场地,那么这笔租赁费用也将计入运营成本之中。按照税法的规定,在缴纳税费的时候先要减去公司的运营成本。显然,这个时候税基就会降低,所要缴纳的税费自然就减少了。

另外,租赁办公场地这种做法还有一些优点,如更换办公场所更加容易。由于办公场所是租赁的,所以在经营过程中如果发现办公场所的区域位置不合适,可以及时进行更换。相反,若用自己的房子作为办公场地,即使区域位置再不利,也不能轻易更换。

从另一个角度来看,租赁的办公场所一般都是公司集中地,这种地方的工作气氛浓厚,工作效率也会更高。因此,在这种地方开设公司,尤其是新公司，不仅能学习他人的管理方式和方法，还能加强公司文化的建设。

除此之外，创业者还可以租赁大型机器设备。由于大型机器设备的价格比较昂贵，如果创业者选择购买，一方面会给自己带来巨大的资金压力，另一方面则会让自己缴纳更多的税费。不论从哪一方面来看，租赁大型机器设备都是一个不错的选择。

总之，对于一个新公司来说，能够租赁的绝对不要购买，否则会增加自己的运营负担。

8.3　不发补贴发双薪节税法

> 张某的公司是在9月份开张的，他觉得金秋九月是一个丰收的季节，将公司的开张时间选在这个季节，象征着公司将能收获累累硕果。
>
> 在公司开张后不久，就迎来了我国的传统佳节——中秋节。逢年过节给员工发放过节费，这是一种约定俗成的福利。这种做法一方面体现了对我国传统文化的弘扬，另一方面也彰显了公司的人性化管理。然而，当张某将一笔可观的过节费发放给员工时，却没有从员工脸上看见过多的喜悦之情。这是为什么？

我国的税法政策中，有一种税款叫作个人所得税，实行阶梯征税制原则，也就是个人的收入越多，所要缴纳的税费就越多，其征税范围包括员工当月所得的福利。也就是说，张某给员工发放的这一笔可观的过节费，会增加员工当月所要缴纳的税费，员工自然不会太高兴。张晓旭本想借助节日表现自己对员工的关怀，从而拉近与员工的距离，没想到反倒办了一件费力不讨好的事情。

不同于张某的公司，一些公司不会在逢年过节的时候发放过节费，但是会在年终的时候发放双薪。而个人所得税的政策规定：年终双薪可以单独作为一个月的工资薪金计算个人所得税。

这样员工当月的工资不会增加，个人所得税的税费也不会变多，但是总体收入却增多了。这种做法对于公司来说，既表现了对员工的关怀，又不会增加员工的税费负担，员工自然非常满意。

事实上，从员工的角度来看，他们更愿意公司推行这种福利制度，毕竟这种福利发放方式能让他们提高实际收入。从公司的角度来说，推出各种福利制度的目的就是让员工满意，笼络人心。所以，这种不发过节补贴，而改为发放双薪的做法，值得每一位创业者学习和借鉴。

8.4 重设流程节税法、先分后卖节税法

对于生产大型产品的公司来说，通过重设流程可以达到节税的目的。所谓重设流程，是指重新调整生产、销售的各个环节。例如，摩托车、汽车都属于大型产品，公司在销售这些产品的时候，需要缴纳一笔不菲的消费税。

为了降低税费的支出，部分公司有必要重新设置公司的生产、销售流程。其中，最重要的就是将生产与销售环节分离开来，具体方法为：公司先找到一家专门的销售公司，将产品卖给销售公司，再由销售公司销售产品。不论是将产品卖给经销商，还是将产品卖给客户，这些工作都交由销售公司完成。

实际上，公司在生产产品的环节中已经缴纳了消费税。因此，当公司将产品销售给销售公司的时候，不需要再缴纳消费税。这种情况下，让销售公司分销产品能有效减少公司消费税的缴纳。

湖北一家钢铁厂曾向当地的一家食品有限公司投资了1000万元，并占有该食品公司60%的股份。这两家公司的公司所得税的适用税率为25%。

食品公司自开业以来，一直保持着强劲的发展态势。截至2018年8月，食品公司的净资产已经达到了2800万元。其中，累计未分配利润和盈余公积合计为800万元。

2018年10元，钢铁公司找到了更合适的投资项目。于是，钢铁公司计划结束对食品公司的投资，并打算以转让股份的方式收回投资成本及收益。钢铁公司董事会经过商议，初步将转让价格定在1800万元。不过为了降低转让税费，钢铁公司还专门聘请了税务事务所的工作人员设计转让方案。

《国家税务总局关于公司股权投资业务若干所得税问题的通知》（国税发〔2000〕118号）关于公司股权投资所得和投资转让所得的规定如下。

"公司的股权投资所得是指公司通过股权投资从被投资公司所得税后，累计未分配利润和累计盈余公积中分配取得股息性质的投资收益。凡是投资方公司适用的所得税税率高于被投资公司适用的所得税税率的，除国家税收法规规定的定期减税、免税优惠以外，其取得的投资所得应按规定还原为税前收益后，并入投资公司的应纳税所得额，应依法补缴公司所得税。"

另外，在《国家税务总局关于公司股权转让有关所得税问题的补充通知》（国税函〔2004〕390号）中对股权转让有关所得税问题还做了补充说明。

"公司在一般的股权（包括转让股份或股份）买卖中，应按《国家税务总局关于公司股权投资业务若干所得税问题的通知》的有关规定执行。股权转让人应分享的被投资方累计未分配利润或累计盈余公积应确认为股权转让所得，不得确认为股息性质的所得。"

如果钢铁公司直接进行股权转让，那么股权转让所得为：1800-1000=800（万元）。这笔钱应并入转让当年的应纳税所得额。所以应缴纳的税费为：800×25%=200（万元）。

如果钢铁公司选择先分后卖的方式进行转让，由于食品公司的未分配利润及盈余公积合计为800万元，按照钢铁公司在食品公司中所占比例进行分配，钢铁公司应分得：800×60%=480（万元）。这样钢铁公司的股权转让费用也就变成了1800-480=1320（万元）。所以应缴纳的转让税费为：1320-1000=320（万元），320×25%=80（万元）。与直接转让相比，先分后卖式转让能少缴纳税费120万元。

可见，先分后卖能够降低应缴纳税款的税基，从而达到少缴纳税款的目的，这也是法律法规所允许的。因此，当公司面临股权转让的时候，运营者为了节省税费，应选择先分后卖式转让法。

8.5 合同不可轻易作废

为了保障劳动者的合法权益，《中华人民共和国劳动合同法》（以下简称《劳动合同法》）要求用人单位依法与劳动者签订劳动合同。但是，有些公司比较善变，轻易将签订过的劳动合同作废，并重新签订。殊不知，这种行为会增加公司税款的缴纳，给公司带来更多的资金压力。

> 赵某是一位资深的陶艺匠人，同时也是赵氏陶艺店的掌柜人。凡出自赵某之手的陶器，都能赢得客户的青睐。随着客流量的增大，赵某一个人已经难以应付店内事务。于是，赵某聘请了几位陶艺匠人作为员工，分担自己的工作。找到合适的陶艺匠人后，赵某依法与员工签订了劳动合同，并向税法部门进行了申报。
>
> 然而，在经营一段时间之后，赵某发现合同中有些条例不太合理。于是，他告诉聘请的员工说："我发现之前签订的劳动合同存在不合理之处，为了保障大家的权益，我宣布之前的合同作废。现在需要重新签订一份劳动合同。"赵某是一位老实守法的匠人，于是，他又向税务部分申报了重新签订的合同。
>
> 一个月下来，赵某在盘算自己的营业收入时，发现税务部门竟然向自己征收了两次印花税。赵某感到不解，到税务部门进行咨询。税务部门的工作人员告诉他："由于你提交了两次劳动合同申报，因此征收了两次印花税。"

印花税是保障劳动合同具有法律效力的税种。当劳动合同作废后，印花税也就失去了法律效力。如果再签订一次劳动合同，就需要重新缴纳印花税。从赵某的经历中我们应该明白，为了降低税费支出，公司创业者切不可轻易将劳动合同等各种合同作废。

8.6 公益捐赠节税法、意外损失可节税

在国家举行大型活动如奥运会、冬奥会、全运会等活动之前，需要大量资金建设比赛的场地，这时，一大批公司纷纷开展了捐赠活动。

对于这些做了好事的公司，国家的嘉奖是这些公司所捐赠的资金都不计入所得税税基范围内。也就是说，公司因支持国家的公共事业而捐赠的这部分资金，不必缴纳税费。

国家的这种政策支持既变现了公司的社会责任感，还减轻了公司的税款压力。各大公司在盈利的同时，也可以参与公益活动，为需要帮助的人无偿捐赠物资。

在《中华人民共和国公司所得税法》（以下简称《公司所得税法》）中，我国对公益性捐赠有着明确的税收优惠。据《公司所得税法》第九条规定："公司发生的公益性捐赠支出，在年度利润总额12%以内的部分，准予在计算应纳税所得额时扣除。"

《中华人民共和国公司所得税法实施条例》第五十一条规定："公司所得税法第九条所称公益性捐赠，是指公司通过公益性社会团体或者县级以上人民政府及部门，用于《中华人民共和国公益事业捐赠法》规定的公益事业的捐赠。"

上述所称公益性社会团体，是指同时符合下列条件的基金会、慈善组织等社会团体。

① 依法登记，具有法人资格。

② 以发展公益事业为宗旨，且不以营利为目的。

③ 全部资产及其增值为该法人所有。

④ 收益和营运结余主要用于符合该法人设立目的的事业。

⑤ 终止后的剩余财产不归属任何个人或者营利组织。

⑥ 不经营与其设立目的无关的业务。

⑦ 有健全的财务会计制度。

⑧ 捐赠者不以任何形式参与社会团体财产的分配。

⑨ 国务院财政、税务主管部门会同国务院民政部门等登记管理部门规

定的其他条件。

值得一提的是，公司在汶川地震重建、北京奥运会和上海世博会中的所有公益性捐赠，都纳入免税的范畴之中。当然，如果公司的捐赠不属于公益性质，则不能享有免税优惠。所以，公司若想通过公益捐赠这种方式达到节税的目的，还需要确保自己所进行的捐赠活动是属于公益性质的。否则，即使付出了金钱，也不能享受税收优惠。

一般来说，公司向国家税法机关认可的渠道和单位进行捐赠，并在捐赠之后索要符合税法规定接受捐赠的专用收据，在缴税的时候向税法机关出示收据，便能享受税费优惠政策。

> 2018年重阳节来临前夕，北京市社会福利企业协会以"关爱老人，回馈社会"为主题，推行了"献爱心慈善一日捐"活动。活动开始后，北京市多家公司积极参与。其中有一家纺织公司向这个福利公司捐赠了30000元，领取了捐赠收据。到了缴税的时候，该纺织公司出示了这份捐赠收据，但被税法机关告知，这份收据无效，不能享受到税费优惠政策。

之所以出现这种情况，是因为这个社会福利企业协会并不在《中华人民共和国公益事业捐赠法》规定的基金会、慈善组织等公益性社会团体的范畴。纺织公司领取的捐赠收据不属于公益性捐赠收据，只能算是纺织公司自发的捐赠行为，不能享受税费优惠政策。所以，公司若想通过公益捐赠的方式达到节税的目的，应该先了解清楚所捐赠的机构是否属于公益捐赠团体的范畴。

对于一个公司来说，尤其是大型公司，在外来人员较多的情况下，发生各种各样的意外情况是不可避免的，如电脑、手机、设备丢失等。虽然意外是不可控制的，但可以将意外情况所带来的损失降至最低。具体做法就是将之列入公司的运营成本，以此来降低所得税的税基，达到少缴税费的目的。

当然，意外损失的申报要有理有据，不能空口无凭。国家之所以允许公司将意外损失列入运营成本中，是想帮助公司降低损失、减轻运营压力。如果创业者以此为契机，投机取巧，这种政策也就失去了它原本的意义。为了保障这一措施能有效执行，税法部门要求公司出示意外损失证明，才能享受到这一税收优惠政策。

如果公司丢失了一台投影仪，那么公司应派人及时到公安机关报案，并取得相关的证明材料。然后在公司财务中进行登记，并交回取得的证明材料。财务去税法机关缴纳税费时，出示该证明，则可以将投影仪的损失费用计入公司运营成本，从而少缴纳一部分所得税。

意外损失节税的关键在于需要及时向公安机关报案，并取得相应的证明材料。如果没有证明材料，税法机关是不会认可这笔损失的。但是，公司切不可为了节税而向公安机关虚报损失金额或者报假案。这种行为一经查出，将会受到严厉的惩罚。无论以哪种方式节税，都应以法律法规为底线。

8.7 适用税率看进项

根据税法的规定，不同行业的公司，国家对其征收税款的标准是不一样的。每个行业缴纳的税率额度被称为适用税率。2018年5月1日，《关于调整增值税税率的通知》开始执行，目前，增值税税率共有5种：17%；13%；11%；6%；0%。

（1）税率17%的行业

① 提供加工、修理、修配劳务。

② 销售或进口货物（另有列举的货物除外）。

③ 提供有形动产租赁服务。

（2）税率13%的行业

销售或者进口23类货物，包括粮食等农产品、食用植物油、食用盐；自来水、暖气、冷气、热气、煤气、石油液化气、天然气、沼气、居民用煤炭制品；图书、报纸、杂志、音像制品、电子出版物；粮食、食用植物油；饲料、化肥、农药、农机、农膜；国务院规定的其他货物。

（3）税率11%的行业

① 陆路（含铁路运）运输、水路运输、航空运输和管道运输服务。

② 邮政普遍服务、邮政特殊服务、其他邮政服务。

（4）税率6%的行业

① 研发和技术服务。

② 信息技术服务。

③ 文化创意服务。

④ 物流辅助服务。

⑤ 鉴证咨询服务。

⑥ 广播影视服务。

（5）税率0%的行业。

① 国际运输服务、航天运输服务。

② 向境外单位提供的完全在境外消费的相关服务。

③ 财政局和国家税务总局规定的其他服务。

④ 纳税人出口货物（国务院另有规定的除外）。

公司一定要熟知这些规定，否则就有可能缴纳不必要的税费。例如，两家公司都是图书销售公司，其中一家公司的财务清楚公司的适用税率，按照13%的标准申报增值税向税务机关申报。而另一家公司的财务不清楚公司的适用税率，一律按照17%的标准申报税率。这样，两家公司的盈利情况就会出现较大的差距。

8.8 预收账款是否要缴税

通常情况下，公司与公司之间会展开业务合作。业务委托方为了表示合作诚意，也为了保证业务承接方能顺利开展工作，往往会预先支付一部分定金。对于业务承接方来说，这笔定金就是预收账款。预收账款是否要缴纳税费？

《中华人民共和国营业税暂行条例》第十二条规定："营业税纳税义务发生时间为纳税人提供应税劳务、转让无形资产或者销售不动产并收讫营业收入款项或者取得索取营业收入款项凭据的当天。国务院财政、税务主管部门另有规定的，按照其规定执行。"

《中华人民共和国营业税暂行条例实施细则》第二十四条规定："条例第十二条所称的收讫营业收入款项，是指纳税人应税行为发生过程中或者完成后收取的款项。条例第十二条所称的索取营业收入款项凭据的当天，为书面合同确定的付款日期的当天；未签订书面合同或者书面合同未确定付款日期的，为应税行为的当天。"

根据以上法律条文的规定，预收账款是不需要缴税的。这为公司节税提供了可利用的契机。在这种情况下，业务承接方可以让业务方将合作费用更多地以定金的形式支付。那么，在业务实际完成的时候，业务承接方再缴纳相应税款。

> 小李是一名资深的IT工作者，在阿里巴巴工作期间，他积攒了丰富的代码编写经验。后来，小李决定筹备创业工作。他掌握了扎实的技术，加上之前积累的人脉，公司很快就开张营业了。半年时间下来，虽

> 然小李接到了很多业务，但除去运营成本后，小李发现自己真正的利润并不多，这让小李十分困惑。
>
> 于是，小李请教了自己的一位朋友，向其讲述了自己的困惑。他的朋友是一名资深会计师，在了解了小李的困惑后，便提出帮他查看账目表，以便找出问题。朋友在查完账目后，发现了小李公司的问题所在，并向他提出了解决建议。
>
> 首先，朋友让小李将其所掌握的编程技术进行估价后，入股到公司中。其次，在朋友的建议下小李调整了公司的福利制度，将以前逢年过节发放过节费的福利制度取消了，改为年底双薪的福利制度。最后，朋友告诉小李，以后谈好业务之后，要让对方支付30%以上的定金。
>
> 小李按照朋友的建议管理公司一年之后，公司的财务情况有了明显的好转。

由以上案例可知，掌握正确的财务策略对公司是至关重要的，可以降低公司的各项支出，还可以帮助公司减少坏账损失。

8.9 坏账可纳入支出成本

在公司经营过程中，难免会出现一些无法收回的应收账款，这样的账款叫做坏账。公司遭遇坏账已经蒙受了损失，我们可以从节税的角度来收回一点损失。

对于坏账的界定，不同性质的公司有所不同。例如，对于外企来说，2年及2年以上收不回来的应收账款就能列为坏账。而对于国内公司来说，3年及3年以上未能收回的账款才能算坏账。所以，当公司财务想要以坏账冲抵税基的时候，先要确定未收回来的应收账款是否属于坏账的范畴。

> 下面仍以上述案例讲解，有一天，小李又向朋友求助，朋友听后表示自己可以帮助小李将公司的损失降至最低。
>
> 原来，小李接了一单业务，内容是为一家公司开发APP。这是小李擅长的工作。他很快按照客户的要求完成了工作，客户也对小李的工作成果非常满意。
>
> 但是，到了支付费用的时候，客户却找各种理由拖欠，最后干脆表示自己支付不了费用。小李非常生气，没想到还会遇到这种不讲信用的客户。
>
> 不过，值得庆幸的是，小李听取了朋友的建议，在签署合作合同的时候，收取了60%的定金。再加上朋友告诉他，未收回的费用可以作为坏账处理，冲抵运营成本，让公司少缴税费。这样看来，公司虽然遇到了不讲信用的客户，但并未给公司带来较大的财产损失。

公司在经营过程中难免会遇到不讲信用的客户或合作方破产的情况，为了减少公司的损失，就需要做坏账处理。在做坏账处理时，只要有合作合同，过了2年或3年以后，这笔未支付的费用就能作为公司的运营成本。这也说明公司在与业务方进行合作时，一定要签署合作合同。否则，最终变成死无对证的局面，坏账也不能成立。

8.10 多拿进项多抵扣、赠送礼品有技巧

公司在经营过程中，不仅需要为购买原材料、聘请员工支付一定的费用，还会因销售产品或提供劳务获得一定的收入。在这个过程中，前者称为

进项，后者称为销项。将公司看成一位纳税人，那么公司所要缴纳税费的税基就是销项减去进项后的余额。这种情况下，如果公司想要少缴纳税费，就需要增加进项的比例。

进项通常包括购买办公用品的进项、购买机器设备的进项、购买汽车的进项、汽车加油的进项、汽车修理和购买汽车配件的进项、购买低值易耗品的进项。

事实上，这些进项都属于公司的必备物品，是公司运营成本的一部分。所以在缴纳税费的时候，需要将这一部分支出排除在外。

这里需要注意，普通的收据不能减税。因为普通收据不具有法律效力，所以税务机关并不承认普通收据。那么，如何才能让这笔费用成功记入运营成本，并得到税务机关的认可？

在购买这些设备的时候，应该向商家索要符合税务机关要求的发票。一般来说，商家为了少缴纳税费，不会主动开具专门的发票，而是会选择开具普通的收据。但是，如果客户主动要求，商家也同意开具发票。所以公司采购人员一定要主动索要发票。

> 小赵是北京一家教育机构的教务，他除了负责教育机构的排课工作和管理日常上课事物外，还负责教育机构教学用品的采购。由于他上大学时学的是会计专业，因此对税法知识比较精通。在工作期间，凡是由小赵采购回来的物品，各种票据齐全。财务拿着这些发票去税务机构缴税时，都能节省不少税费。
>
> 公司采购人员可以学习小赵的做法，采购物品时一定要注意索要发票。

十一黄金周是人们出门旅游、购物兴致最高涨的时候，各大商家为了把握这一黄金时期，吸引更多的客户，纷纷推出了促销活动。

有的商家打出五折优惠的宣传语，有的商家则推出满200减100的优惠活动，还有的商家推出买一送一的活动。毫无疑问，不论商家推出哪一种优惠活动，其受益者都是客户。

事实上，商家如果懂得礼品赠送技巧，也是可以降低运营成本的。商家可以调整优惠政策，让自己少缴纳税款，从而达到降低运营成本的目的。

> 例如，A商家推出"买价值2000元的产品，即可赠送500元产品"的活动。这其实相当于A商家卖出价值2500元的产品，但实际只收取了2000元。那么A商家在缴纳税费的时候，需要按照2500元的标准缴纳。
>
> 与此同时，一家与A商家售卖一样物品的B商家推出打折促销活动。B商家规定购买一件价值2000元的产品，再任意购买一件价值500元的产品，则价格贵的产品可以享受7.5折优惠。这样算下来，B商家依然是收取了2000元，卖出了价值2500元的产品。但由于两件产品都是卖出的，所以只需按照实际售卖价格缴纳税费。也就是说，B商家的税基为2000元。显然，B商家会比A商家缴纳更少的税费。

同样是开展促销活动，只因为活动的策略不同，后期给两家商家带来的盈利效果也不同。因此，公司在开展营销活动的时候，要仔细比较各种营销策略的优劣势，尽量从中选择能够节省税费、降低运营成本的活动，从而为公司带来更多的盈利。

8.11 财务离职，按时申报

蓝某是一名会计，最近刚找到了一份会计的工作。办完入职手续，蓝某很快便投入到工作当中。

一个月后，蓝某按照规定去税务机关报送预缴公司所得税的纳税申请表。然而，税务机关工作人员告诉蓝某说："你先缴纳3000元的罚金，再办理缴纳这个月的申请表。"蓝某听后表示很不解。因为她的工作都是按照法律法规的要求进行的，并没有违规行为，怎么会产生罚金？

税务机关的工作人员告诉蓝某说："这笔罚金不是这个月产生的，而是贵公司上个月未按时申报所致。"蓝某缴纳完罚金，办理好申报后，带着罚金缴纳凭据回到了公司，并把凭据交给了公司。企业主管说："以前以为财务就是统计、发放员工的工资，没想到财务才离职半个月就让公司白白蒙受了3000元的损失。看来财务的确是公司顺利运营的保障。"

公司人员流动是正常的事情，但是，即使公司的财务人员离职了，公司还是应该按时向税务机关交送公司所得税纳税申报表以及缴纳税款。否则，就会面临罚款的处罚。这对公司来说，无疑是一笔损失。

《中华人民共和国企业所得税法》第五十四条规定："企业所得税分月或者分季预缴。企业应当自月份或者季度终了之日起十五日内，向税务机关报送预缴企业所得税纳税申报表，预缴税款。企业应当自年度终了之日起五个月内，向税务机关报送年度企业所得税纳税申报表，并汇算清缴，结清应缴应退税款。企业在报送企业所得税纳税申报表时，应当按照规定附送财务会计报告和其他有关资料。"

《中华人民共和国税收征收管理法》第六十二条规定："纳税人未按照规定的期限办理纳税申报和报送纳税资料的，或者扣缴义务人未按照规定的期限向税务机关报送代扣代缴、代收代缴税款报告表和有关资料的，由税务机关责令限期改正，可以处二千元以下的罚款；情节严重的，可以处二千元以上一万元以下的罚款。"

创业者必须关注和重视财务人员的流动，一旦有财务人员提出辞职、调换的申请，应及时开展招聘工作，补充空缺职位。如果短时间内没有招聘到合适的人员，就应该让财务人员在离职前去税务机关提前缴纳税费及申报表，尽量避免给公司带来损失。

8.12 多沟通，可减少罚款的可能性

税款缴纳是有依据可循的，同时，为了更好地鼓励企业发展，国家在税务方面会不时地公布新的优惠政策。在这种情况下，有可能会出现新的税款缴纳规定已经出台，而公司相关人员却不知道的情况。于是，这些公司就会出现向税务递交的申报表、发票不符合规定的情况。对于这种情况，税务机关一般会处以50元以上，2000元以下的罚款。

当遇到罚款处罚时，也并非没有解救的措施。而且基层税务机关的工作人员对于2000元以下的罚款享有酌情权。财务人员遇到这种情况，可以与税务机关的工作人员进行沟通。

造成事件发生的原因是财务人员对新政策疏于了解，因此，财务人员与税务机关工作人员沟通的时候，态度要诚恳，要积极认识自己的错误，并表示改正错误的决心。否则，即使税务机关工作人员有权酌情减免罚款，也不会行使他的权利。

另外，事前做好充分的准备工作，其效果会优于事后补救。那么，公司应该如何进行事前准备工作？一般来说，财务人员需要时时关注税务机构官网上的税务政策信息，及时了解税务规定上的调整、变动。若有变动，要了解具体变动的内容，这样可以有效避免财务人员的错误操作，也就意味着不会有罚款，不会给公司带来损失。

管理篇

第 9 章

招聘：如何做傻瓜化招聘

招聘是公司运营中的重要一环，创业者做好招聘工作能给公司的发展带来动力。下面将从招聘网站、岗位描述、筛选简历、面试登记、初试复试、面试者筛选、协议签订等方面为创业者讲解全流程的招聘方案。

9.1 选规模大、专业型招聘网站

做好网络招聘渠道的运营，选择专业的招聘网站，创业者在招聘中才能应对自如。如今，网络招聘渠道越来越碎片化、多元化，在这个过程中，如何选择合适的招聘渠道成为招聘的关键环节。

网络招聘模式能让公司尽快招聘到各类技术人才、专业人才和销售人才等，常见的招聘网站汇总如表9-1所示。

表9-1 常见的招聘网站

序号	名称	网址	网站特征
1	中华英才网	www.chinahr.com	三大经典招聘网站
2	智联招聘	www.zhaopin.com	
3	前程无忧	www.51job.com	
4	大街网	www.dajie.com	校园招聘
5	一览英才网	www.job1001.com	专业人才

续表

序号	名称	网址	网站特征
6	数字英才网	www.01hr.com	专业人才
7	中国人才热线	www.cjol.com	综合性专业招聘网站
8	应届生	www.yingjiesheng.com	大学生求职网站
9	Boss直聘	www.zhipin.com	综合性专业招聘网站
10	猎聘网	www.liepin.com	高端人才
11	举贤网	www.juxian.cim	高端人才
12	拉勾网	www.lagou.com	专注互联网

创业者除了在以上这些招聘网站上招募人才外，还可以在地方人才招聘网站上招募人才。如北方人才网、南方人才网、深圳人才网、四川人才网等。

创业者在具体的招聘网站搜索时，还可采用"地点关键字+招聘"的方式。例如，创业者想要在北京地区进行人才招聘，可用"北京+招聘"的方式在百度上搜索。

创业者可使用以上方法，快速找到符合地区要求的网站。规模大、专业的招聘网站可以帮创业者快速地找到合适的人才，做好招聘的第一步。

9.2　如何激发员工自主推荐人才

在公司招聘人才这一项上，除了常规的招聘渠道之外，通过公司内部员工自主推荐人才的招聘方式也是非常好的选择。

员工推荐是最有效的招聘方式。美国的招聘软件公司Jobvite的招聘统计数据显示：每十个通过员工推荐的人员就可以录用3个，而每30个普通应聘者才能录用3个。

员工推荐除了成功率很高之外，还能够降低招聘成本、缩短招聘周期。而且，通过员工推荐过来的员工也会有更好的工作稳定性和绩效。但令人遗憾的是，大部分公司都没有运用好这一渠道。那么，如何激发员工自主推荐为公司带来更多的人才？主要有以下6种方法。

（1）构建企业文化

这里的文化指的是构建员工推荐的企业文化，让员工在工作环境中能够时刻感受到公司是鼓励员工、欣赏员工进行员工推荐的。

公司要善待员工，让员工对公司产生认可。只有认可公司，员工在工作中能够找到价值，工作得开心，才能让员工产生推荐人才的想法。具体做法可以从提高员工的日常福利入手，比如发放零食等。

除此之外，公司还可以提高员工的参与度，让员工参与到招聘人员的环节中来。公司可以通过小会议，讲解公司所需的人才和招聘方法，让员工提意见，提高员工的积极性。

（2）进行培训

公司可以专门成立一项培训内容，对员工推荐人才进行指导。单独培训这一内容已经能够让员工看到公司对员工推荐的态度，员工也会在培训之后不自觉地向这个方向靠拢。

（3）提供招聘信息

如果想让员工进行人才推荐，最重要的就是要让员工知道公司到底缺不缺人，哪个职位缺人。员工如果连公司招聘员工的信息都不知道，又怎么能够推荐人才？公司可以通过张贴告示、在工作群里发布相关信息等方式来扩散公司招人的消息。

（4）利用社交网络

公司可以利用社交网络来激发员工进行人才推荐。公司可以制作精美的公司相关介绍，其中包括公司的环境、工作氛围、员工的福利待遇等发给员工，让他们观看过后产生对公司的自豪感，鼓励员工在社交圈里发布相关的信息与工作机会。当他们在社交媒体中发布时，在无形中已经做到了对公司的推广。员工的朋友在看到相关内容后,若对公司产生兴趣,员工推荐人才就开始了。

(5)奖励政策

公司鼓励员工推荐人才,除了员工进行的主动推荐,也可以采用鼓励的办法,比如说奖金。公司要分门别类地进行细致的规划,对于每个岗位推荐的奖励都要有具体的额度,让员工看到公司的态度。除了奖金也可以发小礼品、代金券等各种鼓励政策。如表9-2所示为某公司的奖励办法。

表9-2 某公司奖励办法

类别	文职/后勤		生产技术员		技术骨干（主操、工程师）	
	转正	满六个月	转正	满六个月	转正	满六个月
奖励标准	200元	200元	200元	300元	300元	300元

注：根据不同岗位按照不同奖励办法发放奖金。

(6)及时反馈

及时反馈是鼓励员工进行自主推荐的重要环节。这里的反馈包括两个方面,一方面是奖励要及时发放,另一方面是要及时告诉员工自主推荐的结果。

只要员工进行了推荐,在对候选人进行面试之后,公司都要及时告知员工推荐的人员是否合格。如候选人合格就要按之前的方法对员工进行奖励,即使员工推荐的候选人没有合格,也要对员工进行安抚,发放小奖励,让员工有再次推荐人才的勇气。

以上这6种方式都能够在激发员工自主推荐人才上起到一定的作用,创业者在采取这种方式时可以有所借鉴。

9.3 岗位内容描述，找到适合的应聘者

应聘者选择工作时一般都是从自己擅长的专业岗位入手，为了避免双方浪费精力于不合适的岗位，公司需要在岗位描述时结合岗位的实际要求来做详细介绍，详细介绍的内容包括以下几个方面。

（1）日常事务

日常事务是岗位内容描述的主要内容，公司进行日常事务描述时要注意两点，一是把事务内容写具体，二是把事务内容写规范。

①岗位职责写具体。公司需要对岗位职责有具体的描述，介绍岗位日常工作情况，并有条理地罗列工作任务。

> 某科技公司在招收Java程序员时，对日常事务叙述为："负责项目中部分模块开发及项目的后期维护"。这里没有交代清楚系统的开发结构是基于B/S结构。还是基于MVC结构。这种笼统的说法为应聘者带去了不确定性，也增加了他们的考虑因素。

因此，可将以上的岗位描述改为：运用Java进行基于B/S结构的应用系统开发；负责模块设计、编码、测试以及文档编写的工作；负责公司相关项目、产品的研发，故障的排查和解决；完成技术支持保障工作及交办的其他工作。

②岗位职责写规范。每个专业领域都有其专业术语，公司在进行岗位介绍时要发挥好专业性，将岗位表述清晰，让应聘者感受到应有的公司规范。如在进行编程人员的岗位描述时，公司就要做好基本的名词储备，对一些专业性强的任务需要专业性的组词规范。

（2）任务量

公司在岗位描述中要详细地做出任务量描述，如工作为一周五天，并适应长期出差状态。

这种任务量的具体描述对应聘者而言是很好的评判标准，通过任务量的描述，一些身体娇弱的女士就不会考虑此岗位，为双方节省了精力。通过职位描述与工作量的描述，应聘者就能建立起自身对这份工作合适与否的基本认知。

（3）薪资

在公布招聘信息时，岗位的薪资与福利是让应聘者反复权衡的重要因素。公司应该如何设计符合应聘者预期需求的薪资与福利？这就要对比市场行情，再结合以往经验为岗位"定价"。

①市场行情。公司在为岗位"定价"时，一定要通过智联招聘、前程无忧等招聘渠道判断市场行情，搜索同类型的岗位就能得到同性质岗位的薪资待遇，同时要注意城市、公司的资质、岗位在公司中的作用三点因素对相同岗位薪酬的影响。

②以往经验。在考察市场行情后，公司还需要结合整体的员工工资水平。例如，市场上同类别运营推广岗位员工的平均工资为6000~8000元，公司内部的运营部员工平均工资为6500元，由此，公司可以将工资定位在6000~8000元。

（4）福利待遇

除了公开薪酬，公司为了展现优势，还需要进行福利待遇的描述。一般的福利待遇分为：五险一金、现金补贴、节日礼金、年终奖金、休假、个性化福利等。公司要将这些逐条写清楚，展现公司的福利优势。

薪酬+福利的待遇详解，既可以突出公司在招聘时的竞争力，也能让应聘者对公司和岗位待遇有更深入地了解。公司的福利待遇良好，为员工提供各种补助、全勤奖、团建、生日会等活动，能更加吸引应聘者。

不一定必须是物质性回馈才是福利待遇，公司还可以加上一些自己特有的福利内容。比如，员工能够得到公司培训，在岗位内有良好的职业上升空间等。

（5）能力要求

每份工作都是双向选择的，公司在介绍清楚公司情况和需求后，还要为人才制定门槛。一般情况下，每个岗位的门槛由两部分组成，分别是岗位的技术要求和态度要求。因此，需要在了解岗位的真实状态后，再做岗位要求描述。

首先是客观能力要求。上海一家互联网公司要招聘Java工程师，公司就需要对这一岗位进行客观能力要求，如下所示。

① 2年以上Java开发经验，熟悉JavaEE体系架构。

② 熟练使用Eclipse、MyEclipse、IDEA开发工具。

③ 熟练使用Spring、Spring MVC、Spring Boot、Spring Cloud、MyBatis或Hibernate。

④ 熟悉Dojo开发技术。

⑤ 熟悉通信技术（Web Service、socket）和数据协议（JSON、XML）。

⑥ 有金融类开发经验者优先。

这家公司对Java工程师岗位的能力要求通过具体的技术限制与开发年限限制，能够缩小人才范围，精准定位所需高技术人才。一些公司会要求应聘者拥有相应专业的资质证书，也可以在任职条件中体现出来。

其次，主观态度也是岗位中的重要内容，下面是某家公司对程序员的态度要求。

① 有团队合作精神和创新精神。

② 工作积极主动，有责任心。

③ 具有良好的语言表达与沟通能力。

④ 工作态度端正，纪律性强。

⑤ 具有良好的逻辑思维能力和学习能力。

在进行态度要求描述时，公司要善于抓住关键词，例如，程序员需要有自我创新意识、金融人士要对数字感兴趣。由此，公司才能准确把握一个岗位对人才的态度要求。

在撰写好以上岗位内容后，公司还要留下联系方式与联系人电话，以便多渠道沟通。

9.4 快速筛选简历

面试人员每月会接到上百份简历，要想在简历中挖掘有价值的信息，就必须对简历进行初步筛选，这会浪费不少时间在不匹配的简历上。这时就有一个问题：面试人员应该建立怎样的粗筛原则？

面试人员在粗筛简历时，在面对信息过于简单、求职意向不明确、跳槽过于频繁、职位匹配度低的简历时，可直接淘汰掉节省筛选简历时间。

以下是求职目的不明的建立，如表9-3所示。

表9-3 求职意向不明的简历

期望工作地区	北京
期望月薪	不显示期望月薪范围
目前状况	处于离职中，可随时上岗
期望工作性质	全职
期望从事职业	手机软件工程开发师、软件工程师、移动互联网开发、ERP技术/开发应用、互联网、电子商务、IT服务（系统、数据、维护）、电子技术/半导体技术人员

通过上表的求职意向可以发现，应聘者希望入职的领域很多，求职意向模糊，很可能并不具备某一项专业的技能，面试人员在看到这种情况时可直接将其淘汰。

应聘者是否明确了解职位的职责叙述和资格要求？根据这一内容，面试人员就要对应聘者的学历、学习方向、工作年限、时间活动等进行大致浏览，通过这种方式来判断应聘者是否符合岗位要求。由此，面试人员在筛选简历时要掌握的核心诀窍是"查看否定项，忽略符合项"，通过关键词搜索来确定简历情况。

面试人员在审核简历时要注意思考优质简历源都来自哪些渠道，进行轻重分类。例如，一般通过智联招聘、BOSS直聘等平台投递简历的应聘者的简历五花八门，而从微信本地生活号渠道应聘的应聘者就相对专业，分类审查也能有效分散精力，提高审查效率。

通过分渠道、核实关键词的方法，面试人员能很好地确定进入下轮筛选的简历，而经过粗筛，就有多达90%的简历能够被排除在外，大大减少了细选简历的工作量。

细选之后留下的简历都是与岗位大致相符的，接下来的简历精读就要进行细致的应聘者衡量，一般从以下几个方面进行简历解读，可以帮助面试人员辨别应聘者在岗位上解决问题的能力与经验、做事效率、管理能力等。

（1）以往公司的规模与性质

面试人员要详细关注应聘者以往工作中的公司规模、性质、知名度等，合理地判读应聘者的工作经验与专业能力等问题。

（2）以往担当的角色与从事的任务

面试人员要关注应聘者在原先公司担任的角色，还要特别关注应聘者承担的责任有哪些，主持和参与项目是否能够证明他们应有的经验和能力。

（3）专业管理幅度

面试人员要了解应聘者在原岗位中的管理范围、团队大小与相应的职务功能范围。

（4）经验和成就

面试人员需要判断应聘者工作经历与公司需要的岗位职能是否有重叠之处，在应聘者的过往经历与岗位职能重叠较多时，应聘者上岗后就能迅速投入岗位角色，适应其中的工作内容，并满足创业者的要求。

（5）量化数据

面试人员在考量成就时要注意量化数据指标，例如一些成果性的结论，刚毕业大学生的专业成绩，英语培训讲师的雅思、托福成绩，销售人员以往业绩单等，这些量化数据所表达的"成就和贡献"是一种科学的实力展现。

（6）教育背景与资质

技术性较强的岗位需要衡量是否科班出身、是否拥有相应的专业资质与国家认可的资格证书，这种资质的挑选方式能帮助面试人员快速找到适合的专业型人才。

（7）应聘者的职业发展与规划

应聘者的职业发展与规划也是面试人员需要关注的，当应聘者的工作经历低于两年，那其就有着相对弱的职业稳定性。

（8）自相矛盾和明显错误

显露的书写问题说明了应聘者的书面交流能力较差，也体现了应聘者的随意不细心。面试人员需要避免这类较为马虎的应聘者。

通过以上模块的分析，面试人员在精读简历时还要了解以下几点注意事项，以此来确保招聘的效率与精准度。

首先，面试人员明确应聘者要满足岗位的基本需求，寻找合适，而非优秀。因此，应聘者要满足岗位的必要条件，而非满足充分条件。其次，面试人员要精读简历而非研判，只是探究表面并不深究其中原因。最后，面试人员要关注应聘者的积极面，而非过度关注否定因素。

简历处理的最后环节就是匹配简历，这是整个简历匹配环节的核心。简历匹配的过程是将所认可的应聘者信息与公司的招聘岗位对应，以便进行集中邀请面试，故而简历匹配至关重要。简历匹配的方法如下。

（1）直接匹配法

直接匹配法是一种简单匹配法，通过专业能力进行匹配，寻找适合公司发展的合适的应聘者。直接匹配法的核心是以应聘者自身的专业定岗，而并非以应聘者的应聘项定岗。公司的岗位需求要与应聘者在该岗位能实现的成就相关。

实际在职场中即便是同一岗位，对职位的需求也不尽相同。因此，面试人员在进行简单匹配时要从行业经验、岗位经验、入行时间、学历资质等要素来看。

（2）模糊匹配法

模糊匹配法倾向于专业与所应聘岗位不相符的应聘者。在实际的招聘过程中，能够进行直接匹配的简历甚少，一些应聘者对自身没有清晰的职业规划。因此，在实际招聘中面试人员要想创造人才价值，需要为应聘者进行经历等关键要素匹配。

最后，即使是被淘汰的求职简历，也不能轻易忽略，面试人员可以建立备选档案，将在研判阶段被刷下的简历做规整，以便日后公司需要人才时有资源储备。这种方式也能提高筛选简历的效率。

为提高公司在应聘者心中的形象，面试人员需要向应聘者发放回执信。对于没有进入面试的应聘者，公司可以给他们发一封感谢函，感谢他们的申请，同时转告这些应聘者，公司将简历存入了公司的人才库，未来有新职位机会时，会在第一时间通知他们，并欢迎他们对公司的人才招聘进行持续关注。这种做法不仅体现了公司的专业程度，也展现了公司的文化与关怀，有助于公司的品牌建设。

9.5 面试问题设计方法

面试问题的设计对于招聘来说是十分重要的，完善的面试问题可以帮助面试人员更全面地了解应聘者。面试中最常使用的问题类型有以下几种。

（1）引入式问题

在面试的开始环节，面试人员可以向应聘者询问一些简单的问题，让应聘者能够先熟悉环境，以免由于紧张而造成不能发挥出自己的正常水平。建立良好的面试气氛，让应聘者放松下来。

（2）动机式问题

动机式问题可以很好地了解应聘者加入公司的原因和未来自己的职业发展规划，以及工作中看重的问题，了解其价值观，以此来判断他未来的工作习惯。

（3）行为式问题

面试人员可以询问应聘者以往的工作情况，在应聘者应答的过程中，能够了解应聘者的行为特征、能力水平以及综合素质。通过应聘者过去的工作表现，面试人员能够判断出其现有经验和工作能力，同时通过应聘者的回答，也能够看出其分析问题、解答问题的综合能力。

（4）应变式问题

面试人员提出一些较难的问题让应聘者分析和回答，可以判断出应聘者的逻辑思维和分析问题的能力，判断其思维敏捷能力以及快速应变能力，了解应聘者是否能在短时间内快速地了解事物的本质。面试人员可以通过及时的反馈，快速了解应聘者的心理素质。

（5）情景式问题

面试人员可以提出工作中常出现的难题，让应聘者试着提出解决办法，以此来判断应聘者分析和解决公司问题的能力，了解应聘者能否给出符合公司实际的有条理的答案，以此判断应聘者的能力。

在面试过程中，面试人员要根据以上几方面的问题来对应聘者进行提问，同时还要设计一份内容全面的面试登记表，根据以上问题对应聘者进行评分。同时，面试情况登记表详细记录了应聘者的面试信息，也便于日后查看。面试情况登记表如表9-4所示。

表9-4　面试情况登记表

姓名		性别		
年龄		笔试成绩		
毕业学校		专业		
评分要素		参考标准		得分
举止仪表（4分）		仪表端正，装扮得体，举止有度		
专业技能（6分）		专业符合工作要求，有工作经验		
对职位的渴望（6分）		对本公司做过初步了解；面试经过精心准备；面试态度认真；待遇要求理性		
综合能力（25分）	自我认知（4分）	能准确判断自己的优劣势，并针对劣势提出弥补措施		
	沟通表达（6分）	准确理解他人意思；有积极主动沟通的意识和技巧；用词恰当，表达流畅，有说服力		
	分析能力（5分）	思路清晰，富有条理；分析问题全面、透彻、客观		
	应变能力（4分）	反应敏捷；情绪稳定；考虑问题周到		
	执行力（6分）	能服从领导的工作安排，全力以赴完成工作任务		

续表

综合素质（35分）	可塑性（6分）	较强的学习力；理性接受他人观点；对他人事无成见	
	情绪稳定性（5分）	在特殊情况下（如较大的压力、被免枉、被指责）能保持情绪稳定，无极端言行	
	求职动机（3分）	需要生存，自我提高，自我实现，职业规划	
	主动性（7分）	找借口还是找方法；工作方法是否灵活多样性	
	服从性（7分）	能服从自己不认可的领导；服从并接受自认为不合理的处罚；能接受工作职责外的任务	
	团队意识（7分）	过去自认为骄傲的经历中有团队合作事项；能为团队做出超越期望值的付出	
职位匹配（24分）	经历（4分）	是否经常换工作，平均每份工作时间最少应超过1年	
	性格（5分）	自信、积极乐观、心态成熟、性格与岗位要求相匹配	
	专业背景（4分）	所学是否相关专业；有无相关工作经	
	认识职位（5分）	了解工作内容和工作方式，能预见并接受可能的困难	
	认同公司（6分）	对以前公司和老板的态度；是否认同行业和公司未来的前景，是否认同公司的文化和管理方法	
总分			

负责面试人员签名		日期	
工作能力			
工作业绩			
待遇协商			
有无特长特短情况			
综合感觉			
是否录用			
公司签名		日期	
备注			

面试情况登记表可以详细地记录应聘者的面试情况，记录应聘者对于面试问题的反馈，是面试人员做出决策的重要依据。同时，也便于不同面试人员之间的交接，确保为公司招聘到符合要求的高素质人才。

9.6 初试、复试流程

招聘不是简简单单地为公司招来几名员工即可，而是要针对公司的发展战略，为公司寻找能使公司朝着更好方向发展的人才。基于这个目的，不论选择哪种招聘途径，都应该有严格的配套招聘流程作为辅助。目前，较为常见的招聘流程就是初试、复试两大流程。

初试和复试都可以包括笔试和面试两个环节。一般情况下，初试是以笔试为主，面试为辅；而复试则是以笔试为辅，面试为主。所谓笔试，就是让应聘者书面答题，而题目就是与应聘者应聘岗位相关的知识。面试则是通过面对面地与应聘者接触，通过提问的方式了解应聘者对本工作、本岗位的看法和态度。

通过笔试可以看出应聘者的基本功底。通常情况下，笔试不合格者就可以直接淘汰。即便应聘者通过了笔试，也只能说明应聘者的基本功底扎实，关于应聘者的性格、人品、对待这份工作的态度，还需要通过面试了解。

如果应聘者在面试中表现出对工作岗位十分满意的态度，没有抗拒的意思，就可以安排复试了。因为关于应聘者的专业技能情况，在初试中已经有了大致的了解，应聘者的专业技能还能够在以后的工作实践中不断提升。基于这种情况，很多公司在复试环节已经取消了笔试。

因为复试是最终决定是否聘请应聘者的环节，所以应该尽量深入地了解应聘者，如应聘者离开之前供职公司的原因，选择这家公司应聘的原因，对自己职业生涯的规划，对自我的认识，对所应聘岗位的认识，对公司的认识等。根据应聘者对这些问题的回答,基本能判断出应聘者的综合素质情况,从而做出最终的聘请决定。

9.7 面试者筛选

> 小李成功入职了一家做体育类APP开发的互联网公司,入职第一天他早早来到公司,目的就是想要给同事留下一个好印象。小李办理完入职手续后,同事们热情地欢迎了他。
>
> 安排好办公座位后,一名老员工给小李分配了任务,鉴于小李是新来的员工,老员工给小李派了一份相对轻松的工作——调试其他同事开发出来的功能。
>
> 这项任务对于专业技术人员来说,只需要一天就能完成,而小李3天还没有完成,于是公司对其工作能力产生了怀疑。最后,小李因为不能胜任岗位要求而被开除。

出现这种情况是因为公司在面试小李的时候,并没有很好地了解小李的工作能力,以至于为公司招聘来一个不合格的员工。

那么在面试过程中,面试人员应该如何了解应聘者的工作能力?

不同行业的公司,对应聘者的能力要求是不一样的。如销售类公司需要口才较好、心理素质过硬的应聘者;软件开发公司需要计算机专业,且动手能力较强的应聘者;而广告策划类公司则需要美术功底较强,创意较丰富的应聘者;教育类公司则需要有爱心、有耐心的应聘者等。

所以要想了解应聘者的工作能力,面试人员首先要对公司所招聘的岗位有一个清醒的认识;其次根据公司的行业属性以及所招聘岗位的具体要求,列出一份详细的能力要求清单；最后，面试人员根据这份清单的内容，设计与之匹配的问题。

比如，广告策划公司需要招聘一名广告创意策划人员。通过分析这个岗位的特点，可以列出该岗位需要的技能有美术功底、PS（Adobe Photoshop 的简称）技术、平面设计技术、创新、创造能力、学习能力、沟通能力、应急应变能力等。然后，面试人员就可以根据这些技能要求设计面试问题，具体问题如下。

①你所学是什么？毕业于哪一所学校？有无代表作品？

②你看这幅图是否经过PS处理？如果没有，应该如何进行PS处理？

③你看这幅设计图的色彩搭配是否合理？如果不合理，应该怎样修改？

④如果让你为加多宝设计一则广告，粗略地谈谈你的想法。

⑤你所了解的广告策划行业内的最新消息或最新技能是什么？

⑥由于一位同事临时有事，公司将他的工作转交给你完成，你会如何与他对接？

⑦你为客户设计的广告马上就要到了提交阶段，但客户临时提出修改意见。遇到这种情况，你会如何处理？

面试人员通过向应聘者提问以上极具针对性的问题，就能够对应聘者的工作能力有个大致的了解。除此之外，还可以留出一些时间让应聘者提问。通过应聘者的提问内容，也能了解应聘者的性格以及工作能力。

从心理学的角度看，应聘者所提出的问题，一定是他们最为关心的问题。而应聘者所关心的内容，能反映出应聘者的思维特点以及对公司的态度等方面的内容。

对于公司来说，面试环节能清楚地了解应聘者的工作能力，招聘到合适的员工可以为公司减轻负担。因为公司每来一位新人，都要办理复杂的入职手续，如果新人来了没有几天就走了，不仅会增加面试人员的工作量，还会让公司内部人员以及外界人士对公司产生猜疑，破坏公司的形象。

9.8　面试者期望值过高处理办法

人员招聘是一个双向选择的过程，看似是公司在挑选应聘者，其实也是应聘者在挑选公司。有些时候，即便是公司向应聘者发出入职邀请，应聘者也可能会因为对公司给出的薪资等方面不满意而拒绝入职。

一般情况下，应聘者在应聘时都会在简历上写上自己的期望薪资。这个薪资要求可能低于公司的预算要求，也有可能高于公司的预算要求。那么，面对这种薪资差异，面试人员应该如何化解？

员工的薪资福利属于公司运营成本的一部分。从控制公司运营成本的角度来看，面试人员应该尽量将员工的薪资控制在预算范围之内。如果直接否定应聘者的薪资要求，很有可能会引起应聘者的反感，进而导致招聘工作受阻，公司的业务不能及时完成。所以，恰当地化解这个薪资差异就显得十分重要。

一般来说，面试人员应对这种情况有3个步骤，首先要对应聘者的薪资要求表示理解，接着要介绍公司的薪资设置，最后要对适合岗位需求的人才做出承诺。

对于刚毕业的学生来说，由于他们缺乏对现实社会的认识和了解，因此他们提出的期望薪资往往比较高。面试人员在面对这种情况时应该表示理解，而不是对对方进行嘲讽和打击。

对应聘者的要求表示理解，有助于拉近与应聘者之间的距离，给应聘者留下一个良好的印象，方便在之后的过程中提出自己的意见。

当然，表示理解并不代表就要接受应聘者的要求，面试人员应该向应聘者介绍公司的薪资制度，包括公司的一些福利制度。公司的薪资情况可能与应聘者的期望值有差异，面试人员可以表明这是按照法定的工资标准以及目前当地的消费水平制定的，以便让应聘者认识到现实情况，而不是一直沉浸在自己的想象中。

最后，面试人员应该对加薪和福利问题做出承诺。大多数公司都设有加薪制度和福利制度，然而在实际执行中却存在较大的差异。为了让应聘者放心，也为了取得应聘者的信任，面试人员应对此做出承诺，确保制度能如约履行。

一般情况下，按照以上步骤是能够化解小幅度薪资差异。如果应聘者的期望薪资远远高于公司预算，只能说明两者之间的匹配度太低，这样的应聘者是留不下来的。

9.9　入职协议与劳务合同签订

通常情况下，公司招聘到员工后，都会有一个试用期，时间为 1~3 个月不等。在试用期，员工可以对公司的情况进行考察和熟悉，公司也可以在这一时期对员工的实际工作能力进行考察。最终，双方再作是否选择彼此的决定。所以，在试用期，公司一般不会与员工签订劳动合同。

虽然没有签订劳动合同，但是为了让公司有约束员工的有力工具，同时让员工的合法权益得到有效的保障，便有了《入职协议书》这一工具。员工在入职之后，除了要办理正常的入职手续外，还需要签订一份《入职协议书》。

在员工正式转正之前，入职协议就相当于《劳动合同》，能够起到同等的法律效力。这是一份能同时维护劳动者与公司双方的、具有法律效力的协议。表9-5就是一份完整的员工入职协议书。

表 9-5　员工入职协议书

甲方：_____　地址：_____
乙方：_____　地址：_____　身份证号：_____
为规范公司管理，确保劳动合同和管理程序运作实施，经双方平等协商，订立如下条款，由双方共同遵守。
一、甲方聘任乙方为_____。
二、试用时间为____年，自____年____月____日开始，至____年____月____日结束。试用期为____月，试用期的薪资为____元。转正后，基本薪资为____元，其他补贴____元，共计____元/月。
三、甲方视乙方工作情况，酌情延长或缩短乙方的使用期（最长不超过3个月）。如乙方在试用期内表现突出，考核成绩达标，本公司将以书面通知的形式通知转正，并签订相应的劳动合同。考核不合格者，将结束试用，不予转正。
四、甲方每月10日以货币的形式向乙方支付上月（自然月）工资（如发薪日恰逢周日或假日，则顺势延长或提前发放）。
五、此协议书是员工试用期间务必遵守的协议承诺保证。
六、员工必须保证向公司提交的所有证件材料均真实有效，否则公司可随时解除劳动关系，并追究相关的经济法律责任。
七、自进入公司工作之日起，乙方必须严格遵守甲方的各项规章制度，并根据甲方的工作安排，认真履行职责，保守甲方的商业秘密，自觉维护甲方的合法利益。
八、乙方任职期间，如违反了公司的规定或制度，公司有权据制度做出相应的处罚。
九、在职期间，乙方由于自身原因提出解除本协议时，须提前7天以书面形式通知甲方，以便商洽、办理工作交接及薪资发放等事宜。交接手续办理完毕方可正式离职，否则，将依照公司有关规定作出相应处理。
十、员工享有入职培训的权利，并依法享有国家法定节假日休息的权利，遇特殊情况，依照公司相关考勤制度配合公司完成调休工作。
十一、未尽事宜经甲、乙双方协商可修改、补充。本协议双方签字即生效。协议一式两份，甲、乙双方各持一份，具有同等法律效力。
甲方（签章）：　　　　　　　　　　　乙方：
　　　　　　　　　　　　　　　　　　　　　年　　月　　日

与员工签订《入职协议书》之前，公司应先告知员工签订这份协议的目的，并让员工仔细阅读这份协议。如果员工提出了异议，应向员工解释清楚，而不是在员工不知情的情况下，或者强迫员工签订《入职协议书》。

如果员工在试用期内表现良好，能够胜任各项工作任务，且对公司的各项规章制度和管理方式没有异议。那么，在试用期结束之后，就应该为员工办理转正手续，这也意味着该名员工将正式成为公司的一员，之后公司也就有义务保障员工的合法权益，这就包括与员工签订正式的《劳动合同》。

在现代公司的管理制度中，正式的《劳动合同》有三个方面的作用：第一，它可以强化用人单位和劳动者双方的守法意识；第二，它可以有效地维护用人单位和劳动者双方的合法权益；第三，它有利于及时处理劳动争议，维护劳动者的合法权益。

因此，不论是从公司的角度，还是从劳动者的角度来看，签订劳动合同都非常有必要。表9-6是一份正式的劳动合同模板。

表9-6　劳动合同模板

劳动合同
编号： 甲方（用人单位）： 乙方（劳动者姓名）：_____　　身份证号码：_____ 联系电话：_____　　联系地址：_____ 　　根据《中华人民共和国劳动法》及其有关法律法规的规定，甲乙双方本着合法、公平、平等自愿、协商一致的原则，自愿订立本劳动合同。 　　一、工作内容 　　第一条　乙方同意甲方根据工作任务的需要，安排从事_____点_____（职务）工作，乙方同意甲方根据客观情况发生变换的条件下，根据工作的需要调整或变更乙方的工作内容、工作地点。 　　二、合同期限 　　第二条　甲乙双方选择以下第_____种形式确定本合同期限。

续表

1. 固定期限_____年，合同从_____年_____月_____日起至_____年_____月_____日止，其中，约定的试用期为_____月。

2. 无固定期限，合同从_____年_____月_____日起。

3. 以完成一定的工作为期限，从_____年_____月_____日起止（工作任务）完成止（详见岗位说明书）。

三．工作时间和作息休假

第三条 甲乙双方经协商确定乙方采用以下第_____种工时制。

1. 实行标准工时制。本合同期间，乙方必须服从甲方正常的分配和安排。每天工作不超过8个小时，每月工作不超过26天。

2. 甲方经劳动行政部门批准，乙方所在岗位实行不定时工时制。

3. 甲方经劳动行政部门批准，乙方所在岗位实行综合计时工作制。

第四条 甲方因生产（工作）需要，经与工会和乙方协商后可延长工作时间，除《中华人民共和国劳动法》第四十二条规定情形外，一般每日不得超过1小时，除因特殊原因最长每日不得超过3小时，每月不得超过36小时，超过部分甲方给予乙方相应调休补偿。

第五条 甲方在国家法定节假日期间依法安排乙方休假。

四、工资、福利待遇和社会保险

第六条 甲方按《××市工资支付规定》和有关政策以货币的形式每月支付乙方工资。甲乙双方经协商确定乙方采用以下第_____种工资计算方式。

1. 包月薪制。乙方试用期的标准工资为_____元/月；试用期满后的标准工资为_____元/月。

2. 非包月薪制。乙方试用期标准工资为_____元/月；试用期满后的标准工资_____元/月。另外因工作需要经甲乙双方同意加班安排的，甲方根据有关规定给予乙方相应的加班费（计算标准：平时加班1.5倍，正常休息日加班2倍，国家法定节假日加班3倍）。

第七条 甲方于每月_____日向乙方支付上月工资。甲方因故不能在上述时间支付工资的，可以顺延5日。

第八条 甲方在上述工资待遇之外，另行自愿给予乙方下述福利待遇（包含但不限于全勤奖、福利、补贴、特殊岗位津贴、加班补贴等）：_____。这些福利待遇不属于工资范畴，其实施和发放完全按照有关法律法规和甲方的相关规章制度执行（详见薪资制度、入职职位申请表、薪资调整表、每月工资表及签收单）。

续表

第九条 甲乙双方依法参加社会保险，按时缴纳各项社会保险费，其中依法应由乙方缴纳的部分，由甲方从乙方的工资报酬中代扣代缴纳。

五、劳动保护、劳动条件和职业危害防护

1.甲方应严格执行国家和地方有关劳动保护的法律、法规和规章，依法为乙方提供必要的劳动条件，制定操作规程、工作规范和劳动卫生制度及其标准，保障乙方的安全和健康。

2.甲方为乙方提供工作场所和工作所需设备及工具，乙方应妥善维护和保管，丢失、损坏有关工具按使用年限折旧赔偿。

3.对乙方从事接触职业病危害作业的，甲方应按国家有关规定组织上岗前和离岗时的职业健康检查，在合同期内应定期对乙方进行职业健康检查。

4.乙方有权拒绝甲方的违章指挥，对甲方及其管理人员漠视乙方安全健康的行为，有权提出批评并向有关部门检举控告。

5.乙方须严格遵守安全操作规程，保证安全生产；若由于乙方原因造成的事故，乙方应承担相应的责任。

第十条 甲方有权对乙方工作业绩以及遵守规章制度和劳动纪律的情况进行检查、督促、考核和奖励。乙方违纪造成甲方损失的，甲方有权要求赔偿，赔偿金可在乙方的工资中直接扣除。

六、劳动合同的变更

1.任何一方要求变更本合同的有关内容，都应以书面形式通知对方。

2.甲乙双方经协商一致，可以变更本合同，并办理变更本合同的手续。

七、劳动合同的解除

第十一条 有下列情形之一的，甲方可以随时解除劳动合同，并不支付经济补偿：

1.乙方在试用期间内被证明不符合录用条件的。

2.乙方违反甲方规则制度和劳动纪律，根据这些规章制度的规定可以解除劳动合同的，或者是虽然这些规章制度和劳动纪律没有明确规定，但性质严重的。

3.在本合同期间内，乙方不得在其他单位兼职，不得在与甲方从事的行业相同或相近的企业及于甲方有竞争关系及其他利害关系的企业内工作。否则甲方可以立即终止合同，并不给予任何经济补偿。而因此造成的损失，将由乙方承担责任。

续表

4.法律、法规或规章制度规定的其他情形。

第十二条 有下列情形之一的,甲方可以解除劳动合同,但是应当提前三十日以书面形式通知乙方。

1.甲方濒临破产进行法定整顿期间或生产经营状况发生严重困难,经劳动行政部门确认需要裁减人员的;

2.乙方患病或非因工负伤,医疗期满后,不能从事原工作,也不能从事由甲方另行安排的适当的工作的;

3.乙方不能胜任工作,经过培训或者调整工作岗位,仍不能胜任工作的;

4.本合同订立时所依据的客观情况发生重大变化,致使原劳动合同无法履行,经甲乙双方协商不能就变更劳动合同达成一致协议的。

第十三条 有下列情形之一的,甲方不得依据前条的规定解除劳动合同:

1.乙方患职业病或因公负伤并被确认丧失或者部分丧失劳动能力的;

2.乙方患病或因公负伤,在规定的医疗期内的;

3.乙方在怀孕期间、产期、哺乳期内的;

4.法律、法规规定的其他情形。

但乙方同时有第十一条所列情形之一,不受本条限制。

第十四条 有下列情形之一的,乙方可以提前30日以书面形式(或试用期内提前3日)通知甲方解除劳动合同:

1.在试用期内的;

2.甲方未按照劳动合同约定支付劳动报酬或者提供必要的劳动条件的;

3.甲方以暴力、威胁或者非法限制人身自由的手段强迫劳动的;

4.法律、法规规定的其他情形。

第十五条 甲方依据本合同第十二条的约定和相关法律法规的规定,解除劳动合同需要向乙方支付经济补偿金的,应按照规定的每工作一年计算一个月工资的标准支付。因法律法规对于"一个月工资"的概念并不确定,经甲乙双方协商一致,确定为一个月的标准工资。

八、劳动合同的终止

第十六条 有下列情形之一的,劳动合同自行终止,甲方可以不向乙方支付经济补偿金:

1.甲方因经营状况改变,停工、停产2个月以上的,或依法被宣告破产的;

续表

2.甲方依法解散或依法被撤销；

3.乙方到法定退休年龄的；

4.乙方非因法定理由，不能正常履行工作职责达30日以上的；

5.乙方死亡；

6.法律、法规规定的其他情形。

第十七条 有下列情形之一的，经合同一方发出书面通知，可以终止合同：

1.本合同订立时所依据的客观情况发生重大变化，致使原劳动合同无法履行时，经双方协商同意终止劳动合同的；

2.乙方患病或非因工负伤，医疗期满后不能从事原工作，也不能从事甲方另行安排的适当的工作，而甲方又未接触劳动合同的；

3.非因乙方原因停工、停产1个月以上的；

4.法律、法规规定的其他情形。

第十八条 甲方应在解除或者终止/中止劳动合同时，出具解除或终止/中止劳动合同的证明，并在15日内为乙方办理档案和社会保险关系转移手续；乙方应当按照双方约定，办理工作交接；甲方依据有关规定应当向乙方支付经济补偿的，在办好工作交接后支付。

九、违反劳动合同的责任

第十九条 甲方的违约责任：

1.甲方克扣或者无故拖欠乙方工资的，以及拒不支付乙方加班加点工资的，除在规定时间内全额支付乙方工资报酬外，还应当加发相当于工资报酬25%的经济补偿金。

2.甲方支付乙方的工资报酬低于市政府公布的当年最低工资标准的，要补足低于标准的部分。同时，按照国家和当地市政府的相关规定予以赔偿。

第二十条 乙方违约的责任

1.在劳动合同有效期内，乙方不得违法或者违反本合同、保密协议以及其他相关协议的约定，及甲方规章制度规定解除劳动合同。若乙方单方面解除劳动合同，按约定支付违约金；

2.解除劳动合同时，乙方未提前30日通知的，另向甲方支付相当于乙方一个月的工资的违约金。违约金不足以弥补甲方损失的，乙方应赔偿相应的损失。

续表

3.其他违约责任：合同期未满乙方离职或与甲方解除/终止劳动关系，乙方需经甲方书面同意，并结清甲方代垫的各类费用。而且，乙方需要办理完所有的交接手续方可离职。否则乙方需承担由此给甲方带来的直接及间接经济损失。甲方有权从未结算的工资等中予以扣除。

十、乙方声明，乙方在签署合同时，已获悉甲方的管理制度并愿意遵守各项事宜。

十一、因履行本合同发生争议，依照国家规定处理。本合同违约事项，按国家规定执行。

十二、本合同一式两份，甲乙双方各执一份。约定事项违背国家规定，或涂改或未经合法授权代签无效。

甲方：　　　　　　　　乙方：

法定代表：

合同签订日期：

签证机关：

合同签证日期：

第10章

培训考核：提升复制力，考核数据化

创业者都希望招聘到的员工能高效、超额地完成工作任务。但实际上，任何一份工作都有其特点，新入职的员工不可能很快地掌握有效的工作方法。因此，公司需要为员工提供职前培训。

对员工进行职前培训并不是浪费时间，前期对员工进行有效的培训，能在后期极大地提高员工的工作效率。反之，员工入职后为了节省前期的一小部分时间，可能会造成后期由于员工的工作效率无法提高，而浪费更多的时间。另外，对于工作中浑水摸鱼的员工，公司应该如何鉴别？答案就是对员工进行业绩考核。公司对员工的管理、培训和考核一个都不能少。

10.1 知识性培训

员工培训是针对所有员工而言的。在一个公司里，员工的岗位、学历等方面都存在着差异。如果将存在差异的员工放到一起进行培训，显然培训效果不会很好。正确的做法应该是有层次、有针对性地对员工进行培训。因此，创业者应该思考以下问题。

① 培训的目的是什么？

② 公司培训的考核目标是怎样的？

③ 如何让员工通过考核，以此来达到培训工作的目的？

④如何将培训的考核目标传达给每位新员工？

⑤如何激发他们在培训中努力学习的积极性？

⑥是否让新员工清晰地明确公司的发展路径，告诉他们向哪个方向努力才能够达到考核的目标？

⑦培训是否给了新员工充分的信心，是否让他们相信自己能够通过公司的发展路径而达到目标？

⑧在公司的发展路径上有哪些关键的考核内容？

⑨新员工没有通过考核内容会如何处理？

如果是技术型公司，那么公司的技术人员就是公司的核心，他们掌控着公司的核心竞争因素。因此，为他们制定的培训目标应是增强他们的技术能力、创新创造能力。公司要想在一个领域内脱颖而出，技术是基础。

如果是非技术型的公司，那么对员工要进行业务上的培训，员工是公司的中坚力量，如果员工的培训没有做好，会使整个公司的工作都无法正常开展。

培训工作的有效开展能起到很多作用，如改善员工的工作态度、提高员工的工作效率、增强公司的整体凝聚力等，这些内容于公司的发展都是极为有利的。如果能对员工进行有针对性的培训，则更有助于保证培训效果。

好的培训能够帮助员工快速进入工作状态，因此，培训员工的方法会对公司开展培训活动的效果产生很大影响。为了提高培训质量，公司应结合培训目的、内容、资源等多种因素以及自身实际情况进行培训方法的选择。

如果培训人员选择通过语言向员工进行理论知识讲授，使员工对所讲内容进行系统了解，在讲述过程中就要求培训人员表达清晰、准确，以便员工更好地接受及理解。

10.2 快速熟悉工作流程

对员工进行培训是为了让员工更快地融入工作环境，进入工作状态，更快地熟悉工作流程。那么，究竟该怎样做才能让员工快速熟悉工作流程？

（1）参观法

参观法是指直接带领员工参观正在工作的员工的工作过程和工作方法，这种方式较为适合动手要求高的公司，即手工业、制造业等公司。对于这类公司来说，让员工直接参观能让员工真正熟悉工作流程。否则，进行再多的讲解也只能让员工对自己的岗位有一个理论上的认识，其效果远不如这种参观培训方式直观有效。

（2）讲解法

讲解法与参观法正好相反，它注重理论上的讲述，而不是实际操作。因为有很多工作虽然属于一个大类，但它们实际上有着自己的特点。而且，如果有尚未开始的工作，则无法将实际操作过程展示出来。

例如，软件公司的APP（应用程序）开发工作，由于每一个APP（应用程序）的要求不同，因此在工作任务还未完成之前，关于它的具体工作流程是不可能准确知晓的，这时最好用讲解法向员工讲述大致的工作步骤。

当然，这些工作的工作步骤只是理论上的，是公司通过工作流程和方法得出的。虽然这样的工作流程具有普适性，但是员工在实际操作的过程中，还需要根据自己的理解来具体应用这些工作步骤。

（3）演示法

演示法指的是通过向员工演示工作流程，让员工熟悉工作流程的培训方法。演示法与参观法有相似之处，但两者之间又有区别。两者的相似之处在于它们都属于较为直观的培训方法；区别是前者主要靠员工自行去学、去记、去悟具体的工作流程，而后者不仅可以让员工看到具体的工作流程，演示者还会对流程中的细节和要点进行讲解和提示。

显然，演示法比参观法更为精准。因此，演示法更适合较为复杂的工作流程。对于比较简单的手工业领域，利用参观法培训员工即可。但遇到了岗位要求较高，且有着较为复杂的操作过程的领域，就需要借助演示法来培训员工。当然，也可以将两种培训方式结合起来使用。

使用演示法时，一般要借助工具或者直接用实物进行操作。培训人员可以借助 PPT 分别演示错误的做法和正确的做法，演示错误的做法是为了不让员工犯同样的错误，演示正确的做法则是对员工进行直接正面的引导。

（4）师徒教授法

有些工作流程较为复杂，无法通过一次参观、讲解或演示就让新员工掌握，需要进行长期的培训。从公司的角度来看，如果长时间让新员工进行带薪培训，显然有损公司的利益。但如果对新员工培训不到位，又会影响员工的工作效率，依然不利于公司的发展。

在这种情况下，最好采用师徒教授法的培训方式。公司让老员工带一个新员工，教给新员工具体的工作流程，对新员工的具体工作进行指导。这样做既不会影响到公司的利益，还能保证新员工的培训质量。

为了提高在职员工带新员工的积极性，公司应该为老员工发放培训津贴。

（5）游戏法

为了让培训氛围更加轻松愉快，又能增强培训的效果，公司还可以考虑游戏培训法。游戏法的具体做法是将培训内容融入游戏中，通过游戏的形式呈现，让员工在游戏过程中熟悉具体的工作流程。

游戏培训法的优点在于，在培训员工的同时，还可以让员工更深入地了解公司的企业文化，增强对公司的认同感。

（6）线上培训法

线上培训法能够汇聚大量信息，实现知识的迅速传递，公司可以将各种类型的培训文件组建成资料库，让员工们进行线上自学。这种方法具有较强的灵活性，不用专人进行培训，而且员工可以自由地选择学习时间、学习地点和学习内容。

公司在使用线上培训法时，需要准备好网络课程、备好相关资料。需要注意的是，此方法往往对员工自控能力和自觉性要求较高，只有高自控能力和高自觉性的员工才能有效地保证培训效果。

（7）场景还原法

场景还原法是通过对场景的还原让员工置身于相应的场景中，从项目、任务及客户等多个维度，对事情发展的前因后果进行分析的培训方法。

例如，一个处于技术开发岗的新员工对项目内容缺乏系统了解，在工作过程中可能会经常性出错，从而影响项目开发进度。此时，就可以使用场景还原法对员工进行工作流程模拟培训，提高该员工的工作效率。

场景还原法的使用不仅能够帮助员工提前了解工作内容，使其快速进入工作状态，同时它还具有及时性和可追溯性。因为它除了能够及时帮助员工了解工作内容之外，还能通过具体内容的演绎使员工发现工作中的不足，方便对这些内容的改进。

关于以上提到的对员工进行培训的方法，既可以单独使用，也可以综合利用。公司在选择具体培训方法时，还需要根据公司的实际业务来作决定。

10.3 淘汰机制

考核是公司进行员工管理时必不可少的环节。公司招聘员工的目的是推动公司的业务发展，保证公司的正常运营。招聘来的员工是否能胜任工作，需要通过考核机制来鉴别。为了保证整个公司的战斗力，对于考核不合格的员工，公司应予以淘汰。

淘汰机制可以参考鲶鱼效应，鲶鱼效应在现实生活中表现为竞争，它促使更多人不断努力提高自己，从而适应较强的竞争环境。公司的管理同样如此。如果公司没有考核制度，不设立淘汰机制，员工就毫无压力，这就给浑水摸鱼的员工一些可乘之机，最终还会拉低整个公司的工作效率和战斗力。

淘汰机制是一种强势的考核机制，其核心理念是"能者上，平者让，庸者下"，它能够带给员工极强的压力感，促使员工增强工作积极性，进而提高公司的整体竞争力。

在现代公司管理制度中，淘汰机制属于一种较为公平的考核方式。员工不用担心自己的学历、工龄等因素阻碍自己的晋升之路，只需要尽可能地展现自己的实力，发挥自己的才能即可。当然，淘汰并非只是开除，它还可以理解为降职、轮岗。

设立淘汰机制是为了激励员工，以此提高公司的整体战斗力，而不是为了为难员工和开除不合格的员工。考核是按月进行的，某一员工很有可能在某月的考核中不合格，而在另一个月的考核中表现出色。所以，淘汰机制不能只是单纯地以某个月考核作为评定标准，而是要综合考虑员工的表现，这样才会让考核变得更加公平、公正。

对公司来说，建立淘汰机制还需要有一定的前提条件。其中较为重要的两个条件是具有吸引力的薪酬福利体系和合理公平的考核方法。

（1）具有吸引力的薪酬福利体系

如果公司的薪酬福利体系不够诱人，不要说淘汰员工了，可能想要招聘到合适的员工都很困难。当公司员工处于供不应求的情况时，公司淘汰员工就会陷入两难的境地。

如果把考核不合格的员工淘汰了，那么公司的工作就没有人来做；如果不淘汰这些不合格的员工，他们的工作质量低下，无法增强公司在行业内的竞争力。这时公司就要改变原有的薪酬福利体系，争取能够招聘到更多合适的员工。

当公司建立了具有吸引力的薪酬福利体系后,就能有效地吸引更多的员工,甚至是高素质的员工。高素质的员工加入公司,公司的整体战斗力自然就会有所提升。如果再建立有效的淘汰考核机制,那么员工的积极性可想而知。这样,公司在行业内自然能树立起一定的知名度。

公司通常都会在试用期内对员工进行考核,考核不合格的员工就会被淘汰,这时的淘汰指的就是开除。如果员工在试用期内表现优异,但在转正之后工作出现了纰漏,则可以进行降职或轮岗处理。

(2)合理公平的考核方法

淘汰考核制度应该建立在合理公平的考核方法之上。如果考核方法不合理,或者有失公平,就会出现把不应该淘汰的员工淘汰的情况。这样的淘汰机制显然是无意义的。因为这种做法不仅无益于提高公司的整体竞争力,还会使优秀的员工流失。

建立合理公平的考核方法的前提是创业者要有较强的全局观念,能够把握好公司的整体发展需求,对待事物有较为客观的认识和较为理性的处理方式,最好还应具备一定的人力资源管理知识。只有理论与实践的结合,才能确保淘汰机制发挥好的作用。

不合格的员工不仅不能有效完成公司安排的工作任务,还会影响到其他同事。他们不良的工作心态、消极怠工的工作状态,会给其他同事造成不好的影响。这样的员工如果不及时淘汰,只会成为公司发展中的隐患。所以,公司建立合理有效的淘汰机制是十分必要的。

10.4 目标管理法

目标管理法由美国管理学家彼得·德克鲁提出,他的《管理的实践》一书中提到"目标管理和自我控制的主张"。

在彼得·德克鲁看来,公司的目的和任务必须转化为目标。公司如果没有总目标及与总目标相一致的分目标来指导员工的生产和管理活动,那么公司的规模越大,员工人数越多,发生内耗和浪费的可能性就越大。

由此看来,目标管理在减少公司的内耗和浪费中的作用非常明显。目标管理法较为典型的实施步骤有八步,具体如图10-1所示。

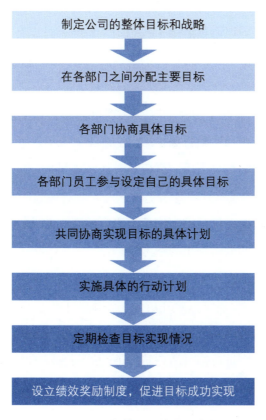

图 10-1 目标管理法的典型步骤

要运用目标管理法,就要有一个清晰明了的目标。所以,目标管理法的第一步就是制定目标。由于这种考核方法是在一个公司中运用的,因此所制定的目标要求能覆盖所有的部门和人员。

制定好目标后，第二步应该将目标公之于众，让员工去具体落实。所以目标管理法的第二个步骤就是分配目标。

注意，由于此时的目标是针对公司整体设立的，所以它具有普适性，而没有个性。在这种情况下，待目标分配到各个部门后，各个部门应该调整、细化具体目标。这也是目标管理法的第三步，修改目标。

部门制定好目标后，为了确保目标的可行性，最好再征求员工的意见。如果员工对此没有异议，目标则正式确定。但如果员工有好的想法，则可以进一步对目标进行修改，因为目标的最终践行者是普通员工。这也是目标管理法的第四个步骤。

接下来就到了第五个步骤，制订实现目标的计划。如果不注重行动计划，盲目地制定目标和实施目标，结果会适得其反。

目标实施计划制订妥当后，就应该具体实施目标。这也是目标管理法的第六步。

第七步则是定期对目标的实施情况进行检查，并将检查结果加以统计，这个结果也是最终的考核结果的参考依据。

为了让目标能够有效实现，还有必要对员工进行激励。所以第八个步骤就是奖励体系的设立。

以上是目标管理法的典型步骤。但是，公司在运用这种考核方法时，不必完全按照以上步骤进行，灵活调整保证能达到较好的考核效果即可。

目标管理法同样存在优点和缺点。优点在于考核的过程比较有针对性，结果比较精准，可以做到对每一个员工进行反馈和辅导；缺点在于，由于各部门之间的具体目标有所不同，因此难以进行横向比较。

另外，由于所有员工都参与了目标的制定，所以他们在实现目标的过程中也充满激情。在这种情况下，公司的整体战斗力和竞争力会有所提升。总之，目标管理法运用得当，可以激发员工的工作激情，提高员工的工作效率。

10.5　MBO培训考核法

MBO（Managemet by Objectives）是目标管理的简称，指公司的高层设定整个公司在一定时间内的目标，并把这些目标分解到公司的各个机构和全体员工身上，让这些机构和员工根据公司的总目标设立自己的小目标，通过小目标的实现来促成大目标实现的一种管理办法。

公司在进行新职工培训时也可以采用这种方式，先设定整个培训的目标，然后参加培训的每个人根据自己的个人情况与公司的基本要求设立自己的小目标。

由于培训的小目标比较容易实现，可以通过小目标的实现，进而推动整个培训目标的实现。同时，在员工参加完培训后，公司可以通过MBO考核法考核员工。MBO考核法考核的内容分为三大步骤。

（1）设定目标

对员工进行MBO考核的第一步是确定员工与目标的距离，通过对员工选取的目标实现的可能性与真实性进行评估。员工在根据公司总目标设立自身目标时，要考虑将目标设定在能力范围内，最好是达到自身能力的最大限制或者说在超常发挥的情况下能够完成的。也就是说目标既要合理，又要努力。

（2）明确目标的具体要求

设立目标后，要对目标的执行进行考核。多数情况下，这意味着要对员工每天、每周、每月的工作进行记录与统计。比如，业务员小李定的这个月至少要完成5笔订单，考核时就需要对小李每天具体的工作进行考核，摸清其具体的工作内容，对目标是否进行了明确的要求。

(3) 检查目标的实现情况

在该阶段，公司对员工整体目标的实现进行检查考核，并根据在这三个步骤中的表现得出对员工的整体考核评价。

利用MBO法进行培训考核，首先能够降低成本，减轻高层的工作量；其次还能起到激励员工的作用。

值得注意的是，在MBO培训考核法中，公司大目标的实现依赖于每位员工的小目标的实现，一旦有员工不能完成小目标，就可能拖累公司完成大目标的效率。因此，要对员工进行更严格的考核，若出现员工无法完成小目标的情况，要及时做好应对措施。

10.6 行为锚定考核法

行为锚定考核法又称为行为锚定等级评价法或者行为定位法，这种方法是由美国学者史密斯和德尔提出来的。它主要是对在同一个岗位的员工可能发生的各种典型行为进行评分记录并进行度量，建立一个锚定评分表，对各个行为都确立一个相应的分数，通过记录员工在工作中的实际行为来进行评价的一种考核方式。某公司针对客户服务行为的行为锚定考核法的评分表，如表10-1所示。

表10-1 某公司行为锚定考核法的评分表

评价等级	关键行为特征
7	把握长远盈利观点，与客户达成伙伴关系
6	关注客户潜在需求，起到专业参谋作用
5	为顾客而行动，提供超常服务
4	个人承担责任，能够亲自负责

续表

评价等级	关键行为特征
3	与客户保持紧密而清晰地沟通
2	能够跟进客户的回应,有问必答
1	被动的客户回应,拖延和含糊的回答

实行行为锚定考核法一共分为五个部分。

(1)获取关键事件

需要公司里对该岗位有经验或者从事同样岗位的员工,对在该岗位上出现的关键事件进行描述并记录下来。这里的关键事件,一般包括影响员工绩效优良的事件。只有对这份岗位有深刻了解或有经验的人,才能将这些事件描述清楚。

(2)建立绩效评价等级

在获取完关键事件之后,再由员工对这些事件进行合并,分别归纳到几个绩效要素中去,并对这几个绩效的内容加以陈述、界定。

(3)对关键事件重新分配

此时公司需要另找一批同样有经验的员工,描述并罗列关键事件,同样将这些关键事件重新放入已经界定好了的绩效要素中去。如果两组人中都有超过一半的人将同一关键事件放入了同一个绩效要素中,那么就能基本确定这个事件的位置。

(4)对关键事件进行评定

一般情况下会要求第二组人对关键事件中所描述的行为进行评定,然后再确认这些评定能不能全面有效地代表这一岗位的工作绩效。通常进行行为评定时采用的是7点或者9点等级尺度评定法。

(5)建立最终的工作绩效评价体系

完成上述的4个步骤之后,就可以建立最终的工作绩效评价体系,对于每一个工作绩效来说，都有几组关键事件来进行界定。

行为锚定考核法比较适合强调行为表现的岗位。公司运用这种方式进行考核，能够有效地对员工的行为进行监督与指导，但是对于岗位的行为表现设置的维度过多时，制作起来会相当的耗费时间，而且不一定能够将全部的行为都包含进去。所以，公司在采用这种考核方式时要根据岗位自身的特点来进行。

10.7　KPI考核法

对于员工的绩效考核，除了上述的MBO考核法与行为锚定法，还有一个是KPI考核法。KPI（Key Performance Indicator）考核法又称关键绩效指标考核法，指的是不再对所有的绩效指标进行评估，而是选取几个关键指标，把员工的绩效与关键绩效指标进行对比，从而得出员工绩效考核的结果。

要想进行KPI考核，首先要确定关键的绩效指标，接下来从五个步骤来讲述如何确定关键的绩效指标。

（1）确定公司的KPI

关键绩效指标考核法最关键的就是先确立公司整体的业务重点。首先，根据企业现阶段的发展目标确立公司发展的重点业务。其次，通过资料查询与调查，确定本行业的关键业绩指标。最后，确定现阶段公司的KPI。

（2）确定部门的KPI

每个部门根据公司重点业务的确立以及自身的职能属性，发掘本部门的重点业务。部门需要分析公司的KPI和自己的业务，明确部门可以承担的公司部分KPI，同时，部门还要将自己承接的公司KPI进行进一步分解，最终确认部门的KPI。

（3）建立个人的KPI

建立个人的KPI需要员工所在的部门一起开动脑筋，细化分解出每个职位对部门、对公司的重点业务中最有价值的工作，并建立个人的KPI。

（4）建立评价标准

确定好各部分的KPI之后，还要根据各个指标对重点业务的重要程度进行评价，对每项工作的内容与工作量做出详细的规划和制定。

（5）审核权重

审核权重主要是对各个指标的重要程度进行比较，并确定好所占的权重。

当公司建立了相应的关键指标，确立了评价标准与所占的权重后，就可以进行KPI考核。但是要注意，公司要根据自身的发展情况与目标达成情况来定具体的步骤。

在进行KPI考核时，有两点需要特别注意。一是关键指标的选取。关键指标的选取要遵循可量化性、可达到性、挑战性的准则，这三个准则不仅能够监督和鼓励员工的工作，还能够达到比较公平的效果。需要注意的是，KPI考核虽然对员工的工作具有一定的监督作用，但是并不能代替日常的管理。

同时，要注意正确处理好公司考核、部门考核与岗位考核三者之间的关系。公司在进行KPI考核时，会对这三个阶层都进行考核与评价。每位员工的工作都是为了部门和公司的业务发展。因此，在进行岗位考核时，还要参考员工个人的工作对部门和公司的贡献。

10.8　如何利用平衡计分卡进行考核

平衡计分卡这一概念是由美国哈佛大学教授罗伯特·卡普兰和诺朗顿研

究院的执行院长大卫·诺顿共同提出来的。他们两人一致认为："平衡计分卡是一种绩效管理的工具。它将企业战略目标逐层分解转化为各种具体的相互平衡的绩效考核指标体系，并对这些指标的实现状况进行不同时段的考核，从而为企业战略目标的完成建立起可靠的执行基础。"

由此可见，平衡计分卡是根据公司发展的战略要求而设计的一种科学指标体系。它不仅能够衡量绩效，还能够推动公司的生产，助力新客户的获取和市场的开发。它有4个显著的特征。

（1）平衡计分卡能够自上而下体现公司使命与战略

市场上大多数公司的绩效考核方式是自下而上的，这些企业活动衡量的指标仅仅来源于某一业务单元的经营活动或者是某个特定的流程。这样的绩效考核缺乏宏观的把控，会有"一叶障目不见泰山"的局限性。

（2）平衡计分卡具有前瞻性

传统的财务衡量指标局限于上个时期的经营工作总结，而没有对未来的业绩提升做出科学的规划和预测。平衡计分卡致力于未来经营的成功，能够前瞻性地指出未来盈利的可操作手段。

（3）平衡计分卡能够整合内外部衡量指标

平衡记分卡的综合考量有助于对未来综合考核指标进行有益的取舍，确保公司又好又快地发展。

（4）平衡计分卡能够聚焦重点事项

许多公司关注的衡量指标过多，反而不利于公司的整体考核。而平衡计分卡只关注与公司盈利相关的综合指标，目标明确后，公司就能够凝聚团队的力量攻坚克难，努力克服发展的种种困难。

要注意的是，平衡计分卡的使用要密切结合企业自身发展的种种状况，而不能够一味照抄成功企业的制定标准。但是在设计平衡计分卡时，有一个通用的流程，具体如图10-2所示。

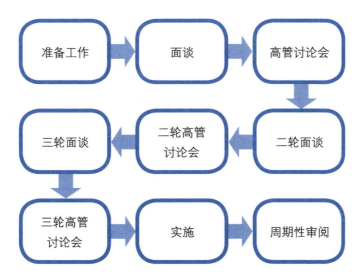

图10-2 平衡计分卡的设计通用流程

由上图可知，平衡计分卡的设计并非一蹴而就，而是经历了充分的准备工作以及三次的"面试与讨论"，才能够最终在实践中实施，并通过周期性的审阅来检验它的实践效果。

这些设计流程中，企业的最终目的是筛选出与重点事项相关的考核指标，建立一套自己的平衡计分卡。

在平衡计分卡的设计与实践方面，苹果公司可谓是典范。苹果公司将核心竞争力、客户满意度、员工态度以及市场份额作为平衡计分卡的核心衡量指标。

核心衡量指标1：核心竞争力

苹果公司希望科研设计人员高度关注产品的某些核心能力。例如，易于交互的用户界面设计、智能的软件架构以及高质量的硬件设备等。借助这样的衡量指标，苹果公司的产品才能够精益求精，不断做强，最终打造了超强的核心竞争力。

核心衡量指标2：客户满意度

苹果公司除了以技术立足外，还十分重视客户的满意度。苹果公司有自己独立的用户调研机构。借助这一机构，他们能够追踪苹果产品在全球市场上的业务表现，同时能够了解到客户对苹果产品的真实评价与反馈，从而进行产品的更新迭代。

核心衡量指标3：员工态度

苹果公司不仅每两年要进行一次全面的员工调查，随机挑选员工进行调查的次数更为频繁。调查的问题不仅涉及员工对公司战略的整体理解，还涉及他们的成果与战略目标是否保持一致。这样的调查一方面便于公司战略的推进，另一方面也能够加强企业与员工的沟通，使公司更有人文关怀的味道。

核心衡量指标4：市场份额

市场份额对于苹果公司而言有着关键性的作用。这不仅能够给公司带来明显的好处，还能够因为市场份额的提升为苹果公司吸引更多的软件开发者，带来更多的潜在客户和收益。

总而言之，施行平衡计分卡成功的关键在于"不求完美，但求有效"。每一个创业公司都应该结合自己的产品特色以及市场特征，制定出最符合自己公司发展的平衡计分卡。

10.9 员工培训效果评估表模板

一般情况下，培训结束时，公司会对员工进行问卷调查，以此来检查培训的效果。员工培训效果评估表就是公司采用的最普遍的调查问卷。培训结束时，公司将这些评估表发给受训者，并将这些表格进行收集、整理，得出本次员工培训效果的初步评估。那么，公司应该如何设计制作员工培训效果评估表?

首先,将员工培训评估表分成四个大的板块,分别是表头设计、调查的主要内容、自我评价与建议、注释。

(1)表头的设计

一般的员工培训效果评估表,除了要有评估表的标题"员工培训效果评估表"之外,还需要学员填写本次培训的主题、培训时间、培训讲师的姓名和受训者的部门,将这些基础信息填写好之后,再对下面的内容进行设计。表头的设计如表10-2所示。

表10-2 表头的设计

员工培训效果评估表	
课程主题:	培训日期:
培训主讲师姓名:	受训者部门:

(2)调查的主要内容

这一部分是整个评估表最为核心的内容,主要可以分为三个部分,分别是培训内容、培训讲师、培训的效果。

首先,培训内容这一部分主要是对培训课程进行评价。公司可以根据培训的相关内容进行一些具体问题的设计,比如课程内容是否符合实际、便于利用,内容是否适合工作与发展的需求等。

其次,对培训讲师进行评价。这一部分主要是通过员工的反馈来验证讲师是否合适,可以设计一些类似于讲师的语言表达是否清晰流畅、知识面是否丰富、教授的方式方法是否令人喜爱等问题。通过对这些问题的总结,公司可以对之后讲师的阵容进行调整。

最后就是对培训效果进行评估。这种评估是员工对自己的培训效果进行评估,主要测试的是员工是否通过培训掌握了知识与技能、收获了学习成果。之后，公司还会让他人对员工的培训效果进行二次评估，这样两方的对比，能够总结出员工对自身的判断是否准确。此时可以涉及一些问题，比如对新知识的掌握程度等。

值得注意的一点是，第二部分的内容设计成了表格的形式，所以在每个问题后面就是对这个问题的回答，可以设计成好、良好、一般、很差等，每个选项都有自己的评分标准。这部分内容会在注释中详细说明，具体的培训内容部分如表10-3所示。

表10-3 培训内容

课程评估	评分标准	好（10、9）	良好（8）	一般（7、6）	很差（5）
课程内容部分	1.适合我的工作和个人发展需要				
	2.内容深度适中、易于理解				
	3.内容切合实际、便于应用				

（3）自我评价与建议

自我评价与建议这部分主要是为了让员工能够从整体上为自己的培训行为进行打分，还包括对培训提出想法与建议。

（4）注释

注释这一部分主要是为了让员工在填问卷时更加明确和方便一些。这里主要是对四个等级程度的注释，即好、良好、一般、差。好就是9分、10分，良好为8分，一般为6分、7分，很差为5分。并注明在填写问卷时要写分数，而不是文字。

通过对以上四个部分的设计，就能够得到一个完整的员工培训评估表，创业者可以根据这些内容，结合公司具体情况设计出适合自己公司的员工培训评估表。

10.10 绩效考核

一套科学有效的绩效考核体系能够促使公司管理水平提高、综合实力增强，带动员工的工作积极性。这就要求公司在开展绩效考核时明白究竟应该考什么。通常，绩效考核会对工作业绩、工作能力和工作态度进行考核。

公司中员工的核心价值在于其工作业绩。业绩考核是对员工所承担岗位工作的成果进行评估，通常包括工作质量、工作结果以及计划完成度等。同时，在进行业绩考核时，公司需要避免由于过于强调结果导向，完全忽略过程，导致对后续工作产生不良影响。

公司在设计绩效考核时，应结合实际情况，进行全方位考虑。即业绩并不是衡量员工的唯一条件，在进行业绩考核过程中要清楚地认识到相关特殊业绩的具体可操作性，尽可能做到全面考核。

工作能力是一个员工能否胜任工作岗位的核心因素。员工能力分为两种，一种是在具体工作中表现出来的外在能力，另一种则是在学习或锻炼过程中所表现出的潜在能力，这两种能力共同影响着员工的工作效率。这就需要公司在进行绩效考核时，设计好相关工作能力的考核内容，如表10-4所示。

表10-4　某公司员工工作能力考核表

考核要素	考核项目	考核内容	评价等级					评价得分
员工工作能力	计划与执行能力	1.工作计划、步骤、进度控制情况 2.岗位执行情况	优秀	良好	合格	欠佳	较差	
	沟通协作能力	1.能否准确、清晰表达个人想法与建议 2.与他人工作配合情况 3.团队之间是否关系融洽 4.与上下级、客户间关系维护情况	优秀	良好	合格	欠佳	较差	

续表

考核要素	考核项目	考核内容	评价等级					评价得分
员工工作能力	专业知识与技能	1.本职工作的专业基础知识、业务知识掌握情况 2.工作技能掌握情况 3.工作、业务相关经验掌握情况	优秀	良好	合格	欠佳	较差	
	理解判断能力	1.对本职工作的价值及意义认知情况 2.每项工作内容分析情况，及方法手段选择情况 3.对工作的预见性	优秀	良好	合格	欠佳	较差	
	创新与学习能力	1.本职工作改进情况 2.企业培训计划参与情况 3.参与培训后能力提升情况 4.自主学习情况	优秀	良好	合格	欠佳	较差	
备注1	分值规定	1.优秀=9、10分 2.良好=7、8分 3.合格=6分 4.欠佳=4、5分 5.较差=4分以下	平均分值					
备注2	潜力培养等级	A级（9~10分）：培养潜力突出 B级（7~9分）：培养潜力良好 C级（5~7分）：培养潜力一般 D级（5分以下）：不具培养潜力	等级评定					

直接上级签字：

上表是某公司员工工作能力考核表，从表中可以看出考核指标的全面性。该表可以反映员工的一些具体能力，公司可以以此为依据进行员工的培养计划设计，满足公司的发展需要。

一个公司的文化价值观会通过员工的工作方式和处事行为体现出来。员工只有在态度上接受了公司的价值观,在工作中才会有所体现。

> A公司一直倡导员工做事严格按照规章制度进行,而新入职的员工小李是一个思维活跃、做事喜欢不拘一格的人。经过长时间磨合,小李对自己的工作环境感到很压抑,从而失去工作热情。显然,这种情况无论是对公司还是对个人来讲,都不利于发展。

在工作中,员工的工作态度将决定其行为,从而影响员工绩效。因此,公司可以考虑将工作态度纳入考核范围之内,如表10-5所示。

表10-5 某公司员工工作态度考核表示例

技术人员绩效考核表						
考核人姓名		部门	职务		考评日期	
评价因素		评价内容	评价尺度			
			满分	1次	2次	调整	决定
工作态度	1	几乎没有迟到、早退、缺席,工作态度认真	10				
	2	细心地完成工作任务	5				
	3	做事敏捷,效率高	5				
	4	遵守上司的指示	5				
	5	不倦怠且及时地向上级汇报	5				

公司员工的态度可以对其工作绩效产生直接影响,上表是某公司设计的态度考核表,但是,在实际执行过程中这仅仅是一个参考依据,公司要根据自己的具体要求选择态度考核的方式。

第11章

薪酬激励：提升效率，加强竞争

薪资问题是关系到员工切身利益的问题，也是员工最在意和关注的问题，同时，薪资问题也关系到公司的利益。所以，公司的薪资结构设定就成了一个极为关键的问题。

如果所有员工都无差别对待，不论处于何种岗位，员工都领取一样的薪水，那么员工的积极性和创造性就难以调动起来。反之，如果员工之间的薪资水平差距过大，同样也会引发员工的不满情绪，从而挫伤他们的工作积极性。

11.1 薪资构成

小许最近在找工作，前前后后面试了很多公司。其中有两家公司是她比较满意的。两家公司都属于软件开发公司，工作环境相似，唯一不同的是这两家公司的工资组成方式。

一家公司直接开出10000元的工资，之后再没有其他奖金。另一家公司承诺是每月8000元的基本工资，此外，公司还会根据员工的绩效考核结果发放奖金，绩效考核的结果越好，奖金也越多。

> 绩效越好奖金越多，从这一点来看，小许似乎应该选择第二家公司。但是第一家公司的工资更加稳定，同时，基本工资越高，涨薪幅度也会越大，从这一点出发，选择第一家公司似乎更利于长远发展。正因为两种工资都有利有弊，才让小许陷入纠结之中。

那么，这两家公司的薪资构成是否符合法律法规的要求？员工薪资究竟由哪几个部分构成？

劳动部《关于贯彻执行〈中华人民共和国劳动合同法〉若干问题的意见》第五十三条规定："劳动合同法中的'工资'是指用人单位依据国家有关规定或劳动合同的约定，以货币形式直接支付给本单位劳动者的报酬，一般包括计时工资、计件工资、奖金、补贴、津贴、延长工作时间的工资报酬以及特殊情况下支付的工资等。"可见，以上两家公司的工资结构都是合法的。

通常情况下，员工的薪资是由基础工资与考核工资构成。其中，基础工资包括基本工资、岗位津贴、各种津贴、加班工资；考核工资包括月度考核工资、季度考核工资、年度考核工资。虽然两家公司给出的月工资总额是一样的，但是两者相比，后者更具有激励性，也更显人文关怀。

对于一个公司来说，制定的薪资结构不仅要合法，还要合理。这样才能起到激励员工的作用，才是最理想的薪资结构。基于这个要求，员工的薪资应该包括两个部分，即固定工资部分和浮动工资部分。

固定工资是员工工作的基本保障，它由基本工资、岗位工资、技能/能力工资和工龄工资组成。浮动工资则是为了激励员工而设的，它由效益工资、业绩工资和奖金组成。浮动工资的不确定性，恰恰能调动员工的积极性。

公司给员工发放工资，一方面是对员工劳动的报酬，另一方面则是对员工工作的肯定。如果在肯定员工工作的同时，还能激发员工工作的积极性和创造性，显然对公司的发展是非常有利的。要达到这个目的，公司在设立员工的薪资结构时，既要注意内部公平性，还要重视外部竞争性。

在同一个公司中，如果出现员工的职位、工龄、学历都一样，而薪资不一样的情况，会引发薪资水平低的员工的不满。可能这些员工不会直接表示自己的不满，但员工的不满情绪会在工作中体现出来。

在这种情况下，员工不会百分之百地投入到工作中，对待工作可能就会以一种应付的态度对待，工作质量也就可想而知。所以，工资水平的内部公平性是非常重要的。

公司的薪资结构还需要提高外部竞争性。也就是说，公司的薪资水平至少不能低于同行业的平均水平。

公司在制定薪资结构的过程中，除了参考以上给出的意见外，还应该结合公司的实际情况。薪酬模式参考得越多，也就意味着员工有更多的机会获得更高的工资，公司的薪资结构也越容易让员工满意。员工满意了，自然会更认真、更投入地对待工作。

图11-1 科学的薪资结构

目前，大多数公司的薪资结构如图11-1所示，这是一种较为科学的薪资结构。在实际操作过程中也较容易得到员工的认可，让员工感到满意。而且，这种工资模式包含了固定工资和浮动工资，同样能够调动员工积极性。对于新成立的公司来说，可能在短时间内无法找到特别适合自己的薪资结构，在这种情况下，可以直接使用这种科学的薪资模式。

11.2 工资制度设计+级差薪资

在设计级差薪资前，创业者要先对工资制度先进行设计。常见的工资制度有以下4种。

（1）岗位工资制度

岗位工资制度是以公司内职位为基础，设计相应的员工薪资额度。在该制度中，员工所得的薪资，都是以员工所在岗位的等级为依据。创业者在设计该制度时，最核心的工作便是进行岗位工作分析，具体可以参考岗位胜任力模型进行定制。通常，设计岗位工资制度需要进行以下五个步骤。

① 岗位分析。首先公司需要了解内每个岗位的工作职责，对每个岗位进行分析，掌握胜任该岗位所需要的知识、技能等情况。在此基础上，根据不同岗位间的内在联系将其归类、整理。

② 岗位评价。在岗位分析的基础上，公司要评价该岗位在内的权责范围、重要程度等因素，并根据该岗位在内的相对价值划分等级。

③ 外部市场薪资分析。创业者需要了解同行业的外部市场环境、市场平均岗位薪资情况，以及对竞争对手岗位薪酬情况进行调查，从而制定自己的薪酬策略。

④ 内部薪资预算分析。创业者需要对公司的发展情况进行分析，结合发展战略确定薪资总额预算，并根据各部门责任权重以及岗位级别等内部因

素，进行薪资总额预算分配。

⑤岗位薪资设计及调整。通过以上四个步骤的分析，创业者可以比较合理地设计岗位薪资并进行调整。使用岗位工资制度可以使员工更关注本岗位的工作内容，不断在专业领域提升技能，增加自身的经济效益。

岗位权责的具体划分有利于更好地优化公司的薪资管理体系。但是在该制度下，员工的评估维度较为单一，需要创业者对其中的具体工作内容进行划分，以防薪酬分配不合理引起问题。

（2）技能工资制度

技能工资制度主要是根据员工的个人工作能力进行的工资设计。在这种制度下，员工的工作技能将会成为员工工资的主要决定因素。通常，设计技能工资制度需要进行五个步骤。

①确定公司的核心技能要求。首先，创业者需要通过分析公司的经营策略及发展的关键因素，确定公司的核心技能和要求；其次，将这些核心技能进行细化分析，构建具体的等级体系。

②考核员工实际工作技能。在确定公司的核心技能要求后，创业者要对员工的实际工作技能进行考核，如进行员工测评、专业性测试等。员工的实际工作技能能给公司发展带来真正的价值，使用技能工资制度可以充分发挥员工的工作潜能，促使员工价值最大化。

③按员工实际工作表现确定薪资水平。即按照员工在工作过程中的具体表现对相关员工进行具体的薪酬发放。

④员工个人提升计划。在技能工资制中，员工个人的技能水平是影响公司发展的关键因素。因此，需要公司密切重视员工发展，制订相应的计划，不断促进员工个人技能的提升。

⑤定期进行制度优化及员工技能评估

公司是动态发展的，员工的技能也会随着发展的需要不断发生变化。这就需要创业者定期对员工进行技能评估、对工资制度进行优化,确保该工资制度的合理性。

(3)市场工资制度

影响市场工资制度的主要因素在于人才市场的平均薪资水平,即以所在行业的平均薪资水平为标准。创业者可在此基础上结合公司发展战略及经济实力等进行员工工资设计。通常,市场工资制度的设计分为以下五个步骤。

① 工作分析及评价。首先,需要创业者对公司内部所有岗位工作进行具体分析,包括员工胜任条件、工作职责范围等,了解具体岗位在公司内部的相对价值。其次,将其进行分类、分级,实现岗位标准化管理。

② 与市场岗位匹配。在完成工作分析及评价后,需要创业者在对岗位工作深入了解的基础上,根据其各项分析因素,与同行业人才市场岗位相匹配,这也是进行市场工资制度的关键所在。

③ 外部市场工资分析。创业者需要对外部市场的工资进行分析,即对外部人才市场进行调查,重点关注同行业及竞争对手相同岗位的薪资水平,以此作为制定员工工资的重要参考依据。

④ 内部情况分析。创业者还要对公司内部情况进行分析,即分析公司经营状况、发展阶段以及支付能力等,确定薪酬政策。计算目标工资预算,进行部门划分。

⑤ 形成岗位工资标准,结合市场情况适时调整。

通过上述步骤,创业者可制定本公司的工资标准,最终确定岗位工资的具体数额。同时,由于市场是不断变化的,这需要创业者定期进行市场调查,及时调整工资水平。

市场工资制关注的重点在于人才市场的薪资水平,这可以使公司的薪资在市场上时刻保有竞争力。同时,创业者还可以根据公司的实际发展战略灵活调整薪资水平,有效促进公司经济发展效益的提升。

但是也需注意，在市场工资制中，公司若要时刻保持人才吸引优势，需要加大人力资源的投入。同时，在进行外部市场调查时要保证所调查数据的真实有效性，为公司带来更高的参考价值。

（4）绩效工资制度

绩效工资制度设计的参考因素主要在于员工的绩效考评结果。在该制度中，员工的工作表现、工作态度以及贡献度等都是影响员工绩效工资的重要维度。在进行绩效工资制的设计时通常按照以下四个步骤进行设计。

① 制定与量化目标和个人目标。绩效工资制度首先需要以实际目标为出发点，通过科学有效的绩效评估系统，将整体绩效目标和员工的个人工作目标纳入考核范围之内。之后，再通过各种考核方式将这些具体目标进行量化，以此将这些考核制度的量化目标作为绩效工资制度的依据。

② 制定绩效评估原则及薪酬绩效体系。制定一套科学合理的绩效评估原则，对于绩效工资制度是非常重要的。同时，创业者要建立相应的薪资绩效体系，将员工绩效与所得薪资联系起来，使绩效评估原则能够更好地服务于薪酬绩效体系。

③ 员工绩效考核与薪资发放。在发放员工薪资时，创业者需根据上述绩效评估原则进行绩效考核，并根据既定的薪资绩效体系进行薪资发放。

④ 优化与调整。绩效工资制度具有很强的动态性，这就需要公司的发展和业务变化时刻与绩效目标保持一致的前进步伐。如果在实施该工资制度的过程中发现问题，也要及时进行优化。

绩效工资制以结果为导向，将员工个人利益与公司发展效益紧密联系，对员工工作提升有正向引导作用。同时，该制度降低了固定的人力成本，有利于提高资源分配，实现内部资源的最优分配。

但需要注意，在该制度中，由于绩效考核带来的客观性影响，容易造成员工的短期行为，即为获得个人短期利益不顾长期发展，在内部形成恶性竞争的工作氛围。

在完成工资制度设计后，创业者就要着手设置级差薪资制度。创业者在设置级差薪资制度时，参考的因素有员工的学历、职位、工龄、工作能力、技术复杂程度、劳动繁重程度、操作熟练程度等，如图11-2所示。

图11-2　设置级差薪资的6个参考依据

尽管参考因素有多个方面，但在实际的操作过程中，创业者不应该将各个因素孤立起来，而是要综合使用。总之，级差薪资的设计要符合员工为公司做出的贡献，即贡献越大，工资更多。

这里需要注意，设置级差薪资是为了调动员工的工作积极性，因此，只要是与员工的切身利益相关的因素都可以考虑进来。级差薪资的参考依据越多，划分得越细致，越有助于调动员工的工作热情。

尽管公司实行级差薪资制度，但要保证员工的最低工资不能低于政府规定的最低工资水平标准。另外，级差薪资制度也不能让员工工资高得离谱，超出公司的支付能力。

总之，不论实行何种薪资制度，都应保证在公司的实际承受能力范围之内，否则就会给公司带来经济压力。一旦公司不能及时支付员工高额的工资，轻则引起员工的恐慌情绪，重则失去员工的信任，导致员工离职、跳槽。

11.3 激励机制

哈佛大学的心理学家威廉和詹姆斯共同创作了一本名为《行为管理学》的著作。这本书关于员工的薪酬激励有较为深刻的认识，书中提到：在按时计酬的情况下，员工的工作效率往往是较低的，员工在此时可能只能发挥自己能力的 20%~30%。事实上，员工的能力完全可以发挥出 80%~90%，前提是要有强有力的激励。

经过激励后，同一个人可以以 3~4 倍的能力和效率完成工作。因此，对于一个公司来说，设置一套有效的激励机制就显得十分有必要。公司采取全方位的激励机制可以激发员工的战斗性，从而助推公司营业目标的实现。构建激励机制需要考虑 3 个方面的内容。

（1）满足机制

所谓满足机制，主要是指满足员工的物质和精神需要，这是很简单也很现实的问题。每个人都需要吃、穿、住、行，这些方面的需要都属于物质需要，而满足这个需要的前提便是金钱。也就是说，公司需要向员工发放工资，让员工能够得到物质上的满足。

物质满足是最基本的条件。当员工的物质需求得到满足后，他们就会追求更高的精神需求。当员工的物质和精神都得到了满足，意味着公司为员工解决了后顾之忧，员工没有其他顾虑，便能全心全意投入到工作中。

（2）升华机制

员工工作的过程，也是实现自身价值的过程。事实上，绝大多数员工都是带着自己的理想投入到工作中的，建立能够让员工实现自身价值的机制可以起到激励员工的作用。这意味着公司需要建立一套升华机制，为员工提供升职加薪的机会。

虽然说在任何岗位上都能做出一番成就，但不可否认，职位越高，做出更大成就的可能性就越大，这也是很多人都迫切希望升职的原因。

同时，公司在建立升华机制时要注意对员工进行正确的指导，这样才能够充分发挥升华机制的作用。如果公司只是建立了升华机制，而不对员工进行引导，就容易使员工之间出现恶性竞争，不利于公司的长远发展。

> 小张和小韩同是北京某玩具开发公司的员工，两人职位一样，很快就成了好朋友。近期公司出台一项新的政策，要提拔一名员工，而提拔的依据是本季度的业绩。这意味着公司中的每一位员工都有被提拔的可能性，这让员工们异常兴奋，很多人为了获得本次名额，铆足了劲拼业绩，甚至为了自己有更好的业绩出现了恶性竞争。
>
> 小张和小韩都想要被提拔，因为评选，两人从曾经的好朋友变成了敌人。

由此可以看出，虽然升华机制对提升公司的整体战斗力有着无与伦比的优势，但从长远来看，公司内部的恶性竞争难以促进公司的长足发展。因此，有必要对员工进行正确引导。

同时需要注意，在设立升华机制时，还需要加上加薪这一附加条件，否则其吸引力将会大打折扣。

（3）负激励机制

俗话说："奖惩要分明"。在设立公司激励机制的问题上同样也是如此。上文提到的两种体系的建立都属于正激励机制，它们都涉及了奖励的问题。

但是，没有人能保证员工在工作的过程中不会犯错，如果只是奖励做出贡献的员工，对于犯错的员工视而不见，可能会造成两种极端现象的出现，即一些员工为公司做出的贡献越来越大，而另一些员工则犯的错误越来越多。从总体上来看，公司的战斗力并没有得到提升。

因此，建立负激励机制也是很有必要的。所谓负激励机制，是指对员工的错误进行相应的惩罚，让员工从中吸取教训，从此不再出现类似的错误。

例如，迟到是一种不良现象，每个公司都会将禁止迟到作为公司规章制度中的一条来极力杜绝。但如果公司对迟到者置之不理，没有惩罚措施，那么依然会有人迟到，而且人数会越来越多。相反，如果公司规定，第一次迟到罚款 50 元，第二次罚款 100 元，以此类推，那么迟到的人一定会越来越少。这就是负激励机制所起到的作用。

（4）捆绑公司和员工的长期利益

捆绑公司与员工的长期利益，当集体利益与个人利益息息相关时，就会促使员工自发努力工作。通过这种方式，一方面可以使员工个人快速成长，另一方面可以促进公司积极发展。

以地质行业为例，由于地质行业大多数工种都在野外进行工作，公司对员工的管理比较困难；而且，工作环境的不稳定性也造成了员工队伍不稳定的窘境。随着这种状况的出现，越来越多的地质行业公司意识到，传统的薪酬管理制度已经不再适用于不稳定的地质行业。

> 某地质勘探公司为加强员工管理，引进了股权激励政策，将公司与员工的长期利益捆绑。经过一段时间的实践后，员工的离职率有了明显下降。即使是在非常偏远的山区工作的员工，离职率也比以前低了很多。此后，随着公司应用股权激励制度规模和力度的增加，该制度的优越性更加明显。

从以上案例可以看出，该公司能够有效激励员工、控制员工管理成本的根本在于，通过对员工进行激励，直接将公司的前途和员工的利益绑在一起。这种方式不仅为公司留下了更多的员工，还降低了公司的员工管理成本。

激励机制也可以直接从薪酬入手，公司可以将员工的工作任务划分成多个部分，对每个小部分都制定一套薪酬奖励措施。当员工完成一小部分工作任务，都意味着可以得到一定的薪酬奖励。完成的质量越高，奖励也会相应增多。在这种情况下，员工的积极性自然也会提高。

可能有人会说，这样做会增加公司的薪酬支出，轻则让公司的盈利减少，重则给公司带来经济压力。其实合理的薪酬结构带来的影响恰恰相反，员工工作积极性在提高的同时也意味着工作效率的提高，这样公司在相同的时间内可以完成更多的业务目标。因此，从总体上来看，公司的盈利不但没有减少，反而会成倍增加。

11.4 涨薪幅度设置

> 小孙本是一家公司的HR，收入挺高。但是在工作3年后，她却辞职了。
>
> 小孙为什么会选择辞职？原因在于其他公司一年至少有两次涨薪的机会，而小孙来这家公司已经3年了，期间就涨过一次薪水，还是小幅度的，薪资涨幅远低于其他公司，所以小孙选择从这家公司辞职。

事实上，物价在不断上涨，如果员工的工资没有上涨，就意味着员工的工资下降了，随之会带来生活质量下降的问题。在这种情况下，员工自然会选择跳槽另谋出路。

对于公司来说，员工的流动性过大并不是一件好事。为了留住员工，也为了稳定公司的人员结构，公司在设置薪资结构时，需要将阶段性涨薪的问题考虑进去。那么，阶段性涨薪该如何涨？上涨的幅度应设置为多少才算合适？

公司薪资的指导线由三部分组成，分别是基准线、上线（也叫预警线）、下线。与之相对应的就是政府对公司工资增长的一般、最高、最低幅度的指导意见。换句话说，公司的涨薪幅度在这3条线的范围内都是合理、合法的。当然，公司涨薪幅度的设置，还应考虑公司的实际运营状况。

阶段性涨薪是针对公司全体员工而言的。但是，这并不意味着所有员工的薪资上涨幅度必须保持一致。众所周知，绝对平均化带来的结果就是平庸化。如果公司实行无差别化涨薪，只会让富有激情的员工变得越来越懒散，让本来积极性不高的员工完全丧失积极性。所以，即使是阶段性涨薪也应该设置一套涨薪标准，用以激励员工，让涨薪涨得有意义。

"多劳多得、优劳优得、效益优先、兼顾公平"，这是正确的涨薪原则。在制定涨薪幅度时，可以结合考核制度来进行。考核结果越好的员工，其薪资上涨的幅度也应相应提高。但最好不要高于最高标准线，除非公司的财力十分雄厚，能够承受高标准的涨薪幅度。当然，即使对于考核结果不太好的员工，其涨薪幅度也不能低于最低标准。

11.5 如何对待特殊人才

人才对于公司的发展非常重要。目前，不管是本土公司，还是大型跨国公司，都在努力争夺人才。波士顿咨询公司做过一次对人力资源专业人士的调查，结果显示：人才管理已经被视为在华运营的首要任务。

的确，如今已经进入信息化、数字化、科技化时代。传统的用劳动力解决的工作，现在都有了相应的机器设备应对。也就是现在对普通劳动力的需求越来越低，对高素质人才的需求越来越高。现代公司之间的竞争已经转化为软实力的竞争，也就是人才的竞争。

既然人才对公司有着如此重要的作用，那么当公司招聘到特殊人才时，应如何对待呢？特殊人才要特殊对待。具体来说，留住特殊人才的方法可以从4个方面考虑。

（1）信任

> 小刘是一位金融专业的博士。在国外留学期间，他就帮一些公司做融资、收购的相关工作。在金融业界积累了一些名气。
>
> 回国后，不断有猎头公司联系他。小刘选择了一家发展潜力大的公司就职。第一天去公司报到时，公司的创始人接待了他，并给他安排了办公室。小刘觉得这是一个好的开始。
>
> 但是，令小刘没想到的是，在之后的工作中，创始人处处表现出对小刘工作的不信任。一天，小刘向创始人提交了一份并购方案。创始人并未仔细查看，就对小刘说，关于这份方案，我还得和其他同事开会讨论才能作出决定。
>
> 除此之外，虽然公司给小刘的职位很高，但没有实权。小刘做出每一个决定，都需要经过创始人的同意才能生效。尽管这家公司给的待遇很好，小刘最终还是选择辞职了。

特殊人才，可能是某一领域的专家，或者拥有某一方面的高超技能，其拥有较强的工作能力，同时也十分自信。公司给予特殊人才信任，才能使其更好地发挥自身能力，特殊人才也会获得更多的满足感。如果公司不信任特殊人才，就难以发挥其潜能，还会打击其工作的信心。那么，即使公司招聘到了特殊人才，也很难将他留下来。

（2）职务

> 早在20多年前，华为只是一家员工人数不足20人的小公司。华为是如何发展为全球领先的通信设备供应商的？答案就是人才战略的实施。其CEO任正非是一位非常重视人才的领导。创业之初，任正非就提出了"人才资本优于财务资本增长"的观点。
>
> 《华为基本法》明确规定："人才是华为最大的财富，人力资本是华为公司价值创造的主要因素，是华为公司持续发展和成长的源泉。"为了吸引和留住高素质人才，华为建立了一个规模巨大的研究开发中心。只要是有能力、有抱负的人才，都能在华为的研发中心找到自己的位置，实现自己的价值。

对于不少应聘者来说，尤其是具有特殊才能的人，他们对于工作的要求不仅仅局限于工作性质，还包括工作职务的要求。因为在这些人的眼中，职务是证明其价值的一部分内容。可见，职务激励法也是一个可行的人才激励方法。从另一个角度来说，特殊人才的特殊之处，也正是可以发挥其管理作用的地方。同时，职务激励法还能提高公司的整体管理能力，促进公司的发展。

（3）薪资

薪资激励法是最基本的人才激励方法。同样的职位，同样的工作内容，员工自然会选择薪资水平高的公司。因为薪资对于员工来说是最直接、最实在的东西。所以，公司要想吸引到高素质人才、留住特殊人才，就应该在财务承受范围内尽可能开出更高的薪资，较高的薪资水平是最容易吸引人的条件。

（4）福利

为了感谢员工的努力和付出，某公司创业者为员工准备了一份特殊的"感恩礼包"，给每位员工2000元红包。除此之外，创业者当天还为在职员工准备了福利蛋糕。

以上做法是典型的福利待遇。在职员工大都会被福利俘获，成为公司的忠诚员工。那么，这家公司在今后的发展过程中，就不用担心吸引不到人才，也不用担心留不住人才。福利与薪资不一样，在员工的眼中，薪资是自己应得的报酬，而福利则是公司人文关怀的体现。

当然，面对不同的情况，可能还会有其他对待特殊人才的方法。以上提到的4种方法是具有普适性的，公司运营者若在实际运营过程中发现了更好的、更合适的方法，同样可以加以利用。

11.6 中长期激励

中长期激励制度使公司不仅能够吸引人才、保留人才，缓解公司发展的资金压力，还能够通过该制度，有效促进员工长期的工作激情，在长期利益的驱使下与公司共同进退。

并非只有上市公司才需要对员工进行中长期激励，对于初创公司来说，该制度同样适用。对于初创公司，员工的中长期激励模式一般分为三种情况，即股份赠予、股份购买以及设置虚拟股份。

股份赠予是为了对公司的核心员工进行中长期激励，由创业者将其所持的部分股份拿出，一次或分几次赠予员工。

通常情况下，公司赠予员工股份时都会提出一些附加条件，例如，要求员工完成规定的工作目标、在公司工作一定的期限等。同时，还需要建立完善的退出机制，以避免员工离职后造成双方的损失。

> A公司为促进公司发展，设计了股权激励制度，该制度表明向对公司发展具有重大影响力的员工进行股份赠予，以此来激励员工。同时，为了避免员工离职给公司造成巨大损失，该公司明文规定"只有与公司签署劳动合同，成立正式劳动关系的员工才能成为公司股东，当员工与公司终止劳动关系后，必须遵循股随岗变的原则，将所持股份转让给公司指定员工。"
>
> A公司为了鼓励小李对公司发展所做出的贡献，赠予了小李1.8%的公司股份。两年后，小李向公司提出辞职申请，离开了A公司。随后，A公司决定将小李所持有的1.8%的股份作为奖励，奖励给新任总监。但是这一行为却被小李拒绝了，于是A公司就将小李告上了法庭。
>
> 最终A公司以失败告终。A公司的理由是虽然在《公司法》第七十一条中规定"公司章程对股权转让另有规定的，从其规定"，但由于A公司章程中只是笼统说明员工在离职后需将所持股份转让给指定员工，但没有给出具体的实施方案，属于《合同法》第五十二条中的无效合同情景，因此不具备约束力。

在上述案例中，A公司对员工进行股权赠予后，并没有建立相应的完善的退出机制，造成了公司的巨大损失。因此，公司对员工进行股份赠予时，一定要注意建立员工离职时完善的股权变动方案，并与员工签订相关合同，以免损害公司的相关权益。

股份购买是指公司为激励员工工作，允许员工出资或以其他形式，如知识产权等作为交换，获得公司的部分股份，从而享有完整的股东权益。由于在此模式中，员工购买股份可能会影响公司的股权架构，对此，公司股东一定要提前进行讨论，设计出合理的解决方案。

需要注意的是，当员工持有公司股份后，身份发生了转变，即由单纯的员工身份变为了员工和股东的双重身份。员工身份的转变容易导致思想上的变化，即员工从为别人工作到为自己谋取利益，这种方式可以有效促进员工保持长期的工作热情。

公司允许员工持有股份的目的是尽可能大地激发员工的潜力，而当员工与公司劳动关系解除时，便没有了激发的必要。如果员工离开公司，公司却没有解除其股东身份，持有股份的员工依然可以享有该股份带来的所有权益，这显然违背了公司激励员工的初衷。

同时，为了避免员工在得到股份后，只愿享受既得利益而不愿再付出，就需要建立严格的规章制度予以约束。例如，当员工严重失职或有损公司利益时，公司有权与其解除劳动关系，并依法收回其所持股份。

虚拟股份是公司为激励员工工作而授予员工的一种股份形式。拥有虚拟股份的员工可以享受公司效益增长带来的分红，或者股份升值带来的收益，但没有股份的所有权及表决权，不能将其出售或者转让。在进行具体的虚拟股权设计时，通常需要按照以下几个步骤进行设计，如表11-1所示。

表11-1 虚拟股权设计步骤

序号	具体内容
1	确定股权激励的对象及其资格条件
2	确定虚拟股权激励对象的当期股权持有数量
3	确定股权持有者的股权数量变动原则（虚拟股权对象范围及资格条件可以界定为：高级管理人员、中层管理人员和骨干员工）
4	确定虚拟股权的数量转化原则（在这个过程中需要确定职位股、绩效股以及工龄股并对股权数额进行计算）
5	确定股权持有者的股权数量变动原则
6	确定虚拟股权的性质转化原则

续表

序号	具体内容
7	确定虚拟股权的分红办法和分红数额
8	确定虚拟股权的每股现金值
9	确定每个虚拟股权持有者的具体分红办法和当年分红现金数额
10	在公司内部公布实施虚拟股权激励计划的决议

公司可以通过上表进行具体的虚拟股份计划设计。同时公司需要注意，在虚拟股份的模式下，员工完成既定目标，实现既定收益时，拥有虚拟股份的员工便可获得相应的奖励，该奖励由公司支付。而当员工退出公司时，应自动失去该部分利益。

虚拟股份对员工的激励通常体现在两个方面，即物质激励与精神激励。从物质角度来看，员工拥有公司授予的虚拟股份，自然可以享有公司税后利润一定比例的分成。从精神激励的角度来看，公司通常将虚拟股份授予那些对公司发展具有重要影响力的员工，这样既可以促使员工工作心态发生转变，以"股东"的身份进行工作，又可以加强员工的公司归属感以及个人荣誉感。

虚拟股份的授予往往只需要在公司内部拟定相关协议，不会改变公司现有的股权结构，也不用考虑用来进行员工激励的股份来源。但是，为保证员工激励的有效性，常需要公司支付高额的资金费用，这对于一些经济效益不是非常好的公司来讲，无疑是一种压力。

11.7 薪酬争议处理

很多创业者都有这样的烦恼，虽然想用高薪留人，但奈何公司的财力资源不够雄厚；虽然想对所有的员工一视同仁，让他们都能拿到较高的工资，提高他们的工作积极性，但奈何公司的资源有限，无法做到公平分配。

面对这种情况，创业者应该如何解决？资源是有限的，但分配法则是灵活的。因此，创业者可以根据实际情况重新制定分配原则，尽可能保证资源能被公平分配。

公平分配不等于平均分配，而且绝对平均的分配方式，反而不利于调动员工的工作积极性。要想做到公平分配，应考虑学历、工龄、岗位和津贴四个要素。除此之外，还可以考虑以奖金补贴的方式来弥补分配中存在的问题。

（1）学历

公司招聘员工的目的是帮助公司解决各种各样的问题，完成各种各样的任务。而这些具体的工作或任务是存在区别的，既有体力性任务，也有脑力性任务。

体力性任务所要求的学历较低，脑力性任务则对学历有较高的要求。而且，脑力性任务往往需要耗费劳动者较多的精力和时间。因此，脑力任务者所获得的劳动报酬也较多。对应到学历中，这就表现为学历高的员工的工资水平应高于学历低的员工的工资水平。

（2）工龄

对于同等学历者，为他们支付工资报酬时，可以根据他们的工龄来支付。工龄越长的员工，对公司的各项业务越熟悉，为公司创造的价值也就越大。因此，他们理应获得更高的薪资待遇。

如果创业者忽略了这一点，规定同等学历者的工资福利都一样，工龄长的员工可能就会出现工作懈怠的情况。适当地拉开员工之间的薪资差距，反而有利于调动员工的工作积极性。况且，这种差距的设置是非常合理的。

（3）岗位

不同的岗位所要求的劳动强度、劳动技能、劳动责任都不一样。所以，这也可以作为一个薪资分配的标准。在工作中付出了更多的技能、责任，自然就应该获得更多的报酬。否则，即使是有能力的员工，也不会愿意展现他们的能力。

（4）津贴

津贴作为一种补充形式，既体现了公司对员工的关怀，还能弥补薪资分配中存在的不足。事实上，前面所提到的工龄越长的员工，为公司所做的贡献越大，这是针对普遍情况而言的。不排除其中存在例外的情况。因此，遇到这种情况，公司可以以奖金、补贴的形式来弥补，从而起到激励员工的作用。

总而言之，合理的薪资结构是增强公司竞争力的一个关键因素。公司在制定薪资结构的时候，应尽量做到公平分配，而不是平均分配。

第12章

离职交接：规避风险，减少冲突

公司的人员流动是不可避免的，有时因为员工考核不通过而被公司解雇，有时则是员工因为自身的原因主动提出离职。不管何种原因造成的员工流失，都会给公司带来一定的损失，甚至是风险。

公司解雇员工是可以控制的，但员工主动离职的情况公司无法控制，只能想方设法降低。本章针对如何减少员工离职，降低公司风险，为广大正在运营或即将要运营公司的创业者支招。

12.1 离职的流程设计

对于那些去意已决的员工，即便公司再三挽留，也难以起作用。对于这部分员工，公司应该做的就是制定完善的离职流程，以此来降低员工离职对公司造成的损失。

显然，如果在员工提出离职请求后，马上就让他们离开公司，这会给公司带来损失。因为公司不能保证立马就能招聘到合适的员工。这也就意味着，员工离职后，会出现工作任务无法完成的情况。

为了降低这种情况给公司带来的损失，公司可以制定一个规定，即离职申请需要提前一个月提出，这样就能给双方都提供一个准备和应对的时间。如果是试用期内的员工，其离职申请至少应提前3天提出。

为了对员工起到一个有效的约束作用，这套离职规则同样需要配以合适的惩处措施。否则，离职规定可能就难以发挥其应有的作用。例如，员工若不按照离职规定在相应的时间前提出离职申请，且在提出离职申请后就离开了公司，那么，在结算工资时可以按照旷工的标准对待。

为了降低员工的离职率，也为了了解员工离职的原因，创业者应该在员工提出离职申请后约谈员工。如果员工的能力非常强，在岗位中发挥着重要作用，而且离职的原因并非是必然因素，那么应尽量通过为员工解决后顾之忧的方式挽留员工。事实上，对于这种情况，公司的挽留往往是能够达到预期目的的。

但如果员工离职的原因是工作倦怠，这也就意味着挽留已经不起作用了。面对这种情况，公司只能顺应员工的意思，为他们办理离职手续。

在这个过程中，公司方面首先应该对员工的离职申请进行审批，然后安排相应的员工与离职员工进行工作交接，之后再为离职员工结算工资，最后将离职员工的资料存档。至此，员工的离职流程就结束了。员工的离职流程如图 12-1 所示。

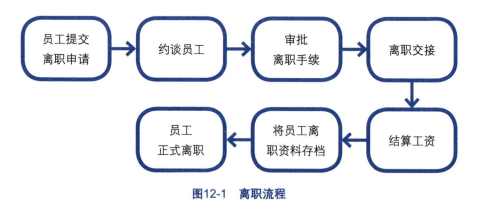

图12-1　离职流程

这里需要注意的是，不论员工因为何种原因提出离职申请，公司都应该为员工结清工资，不得拖欠，更不得克扣，否则就违反了《劳动合同法》。

在这种情况下，员工有权通过法律途径维护自己的权益。而这样，公司就会在员工的心目中留下不好的印象，甚至在行业内留下不好的口碑。这将会影响到公司以后的招聘工作，以及未来的发展问题。

12.2 员工离职要三不：不批评、不指责、不计较

对公司来说，即使是面对执意要离职的员工，也要坚决做到"离职三不"，即不批评、不指责、不计较。这是一个公司企业文化的体现，也是创业者涵养的体现。如果创业者对离职员工过分指责、斤斤计较，这只会让员工觉得离职是非常正确的决定。

因此，不论员工出于什么原因提出离职申请，公司都不应该对此加以批评或者提出其他意见。

（1）不批评

员工提出离职一定是有原因的。如果公司认为这位员工对公司的作用很大，则可以通过了解员工离职的原因，挽留员工。如果实在挽留无效，就尊重员工的决定，千万不要站在领导者的角度批评员工。

（2）不指责

即便员工给出的离职原因很离谱，如"世界那么大，我想去看看"，创业者也只能选择批准。哪怕创业者无法理解，也不能指责员工。

一方面，这是员工的自由和权利；另一方面，员工可能之后还会提出复职。如果这时创业者与员工的关系很僵，员工真的永远都不会回来了。尤其面对的是一名优秀的员工时，就会造成一大笔损失。

（3）不计较

所谓不计较，指的是两个方面的内容：第一，创业者不要与离职员工计较工作任务；第二，创业者不要与离职员工计较工资福利。正常情况下，员

工会提前一个月提出离职申请。此时，创业者不应该给员工安排太多的工作。即使员工在离职前没有完成安排的工作任务，也是可以理解的。因为在这段时间内，离职员工需要进行工作交接。在结算工资的时候，创业者不应该过于计较。

如果员工在离职期间泄露公司的商业机密，让公司遭受较大的损失，公司可以通过正常的法律程序维护自己的权益，通过指责、批评等手段是没有用的。况且过度的批评和指责挽救不了公司的损失，反而会让员工觉得自己的做法是正确的，让员工有心安理得之感。

12.3 为什么说员工离职，至少在30天前提出

如果员工离职没有提前向公司提出申请，公司就无法做到及时找到替补人员完成工作任务。这对公司来说，就会不可避免地造成损失。员工有离职的权利，公司同样有权利要求员工至少提前30天提出离职申请。为什么要至少提前30天申请离职？

一方面是对员工而言，员工离职需要向公司交接工作。因为每位员工在公司中都会负责某一项具体的工作任务。但是这些工作信息都属于公司的商业机密，员工在离职后需要将这些内容交回公司，并确保不会泄露。如果员工不提前提出离职申请，就没有充足的时间处理这些交接工作。

另一方面是对公司而言，这样公司就有充足的时间安排招聘工作，招聘新的员工替补离职员工。另外，在前面小节中提到过，离职流程比较复杂，也需要充足的时间来办理。

根据《中华人民共和国劳动合同法》（以下简称《劳动合同法》）第三十条规定："劳动者提前30日以书面形式通知用人单位，可以解除劳动合同。"《劳动合同法》第五十条规定："用人单位应当在解除或者终止劳动

合同时出具解除或终止劳动合同的证明,并在15日内为劳动者办理档案和社会保险关系转移手续。"

也就是说,如果员工不提前至少30日向公司提出离职申请,公司就有权延长员工的离职时间,并扣除相应的工资。当然,公司需要提前将这个要求告知员工。一般公司在劳动合同或者员工手册中会注明这一项要求。

12.4 已批准离职的员工,如何管理到最后一天

北京某人力资源管理咨询公司接待了一位咨询者。咨询者描述,他们公司最近出现了一股离职热潮。尽管公司不希望这些员工离职,但还是尊重员工的选择,批准了员工的离职申请。

批准的时间离员工正式离职还有一段时间,按理说,在这段时间内,员工还隶属于公司,应该尽力为公司服务。然而实际情况是,提出离职申请后的员工就像脱缰的野马一样,不再受公司的管理,这在一定程度上给公司造成了损失。

从心理学的角度来看,员工这时的心理是:"我的离职申请已经得到批准了,我马上就与这家公司没有关系了,所以我也就没有必要再为这家公司卖命了。"基于这样的心理,员工的离职申请得到批准后,自然就会出现工作懈怠的情况。

上述问题并非不可解决。如果公司能采取相应的措施,一定能有效管理即将离职的员工,直到员工在公司工作的最后一天。至于管理方法,可以从严要求、跟进度和注意情绪三个方面来规避即将离职员工工作懈怠的问题。

(1)严要求

即使是得到离职批准的员工,在未正式离职之前,他还是公司的一份

子，公司有权对他的工作提出要求。而即将离职的员工在严格的管理下，也就不会或不敢对工作表现出懈怠情绪。

不过，有些公司对即将离职员工的态度存在严重问题，比如，他们会刻意与即将离职的员工保持距离，公司的集体活动也会有意不通知即将离职的员工。在这种情况下，即便离职的员工想要站好最后一班岗，也会对公司的这种做法感到不满，就会在心里暗示自己不用这么做。

而有些公司的做法是值得借鉴的。他们对即将离职的员工一视同仁，甚至还为即将离职的员工举办欢送会，这样能让所有员工感受到公司的温暖和人性化管理，能够激励留下来的员工更加努力工作。

（2）跟进度

由于获得离职批准的员工在离职之前需要进行工作交接，所以公司应该跟进员工交接工作的进度。这样做一方面可以直接对即将离职的员工的工作起到一个督促作用，避免他们在工作中出现懈怠的情况；另一方面可以向即将离职的员工传达一种公司依然关注他们工作情况的信号，让他们依旧得到重视而不是忽略。

（3）注意情绪

员工在离职期间的情绪，可以在一定程度上反映员工离职的原因和公司的管理效果。如果员工在离职期间表现出愤怒的情绪，说明他们对公司的某些方面存在着严重的不满。倘若公司不能及时意识到这个问题，并对此加以改进，那么最终只会造成更多员工的流失。这是一个很危险的信号，为了公司的长足发展，公司应该要注意离职员工的情绪问题。

总之，公司对离职员工的管理，一方面是公司管理的总体要求；另一方面也是维护公司形象和长远利益的做法。

12.5　仅仅交接工作，就批准离职的 5 种风险

按照《劳动合同法》的规定，公司应该为员工购买基本的保险，包括养老保险、医疗保险、失业保险、工伤保险、生育保险。事实上，大多数公司也的确做到了这一点。如果公司在员工提出离职申请后，只是要求员工完成交接工作，就为之批准离职请求，而忽略了这些保险的处理，会给公司带来一些风险。除此之外，还有一些情况如果未能及时处理，也会给公司带来风险。

（1）保险风险

在办理保险业务时，如果是当月 5~25 日办理，则下月生效。这也就意味着，如果员工申请离职的时间在这个时间段外，公司就会面临为员工多交一个月保险费的风险。这对公司来说，是一种经济损失。尤其是离职员工较多时更是如此。所以，公司在审批员工离职申请的时候，应尽量将离职时间定在月末。

（2）违规违章风险

不排除这样一种可能，员工做了违反公司规章制度的事情，但公司还未发现。为了躲避公司的追究，员工提出了离职申请。如果员工违反的规章制度涉及公司的机密信息，事态就更严重了。从这一点来看，公司应该对提出离职申请的员工进行了解和调查。否则，一旦批准员工离职后，事情处理起来将会变得更加复杂。

（3）泄密风险

公司仅仅要求员工完成交接工作，就批准员工的离职请求，而不与其签订相应的保密协议等协议，那么员工有可能会将公司的机密信息泄露给下一家公司。由于未签订相关协议，即使公司要通过法律途径维权，也处于极度被动的状态。因此，公司对待员工离职问题要谨慎。为了保障公司的合法权

益，应与员工签署书面协议予以保障。

（4）未签订离职证明的风险

离职证明是证明公司已经与该员工解除雇佣关系的材料，它具有法律效应。如果公司不与员工签订离职证明，当员工再应聘到下一家公司工作时，就会出现员工同时与两家公司存在雇佣关系的局面。

一旦员工在工作中出现意外，他可以向两家公司同时索取赔偿。而这对公司来说，显然是不公平的。所以，除了要求离职员工完成工作交接任务外，还应该与他们签订离职证明，并存入离职员工的档案中。

（5）提前让员工离职的风险

有些公司规定，只要离职员工是提前30日提出离职申请的，那么工作交接完以后就可以离开公司，没有必要等到 30天之后再让员工离职。公司的这项规定看似比较人性化，实则给公司带来了隐患和风险。如果员工在这期间出了意外情况，即便员工实际上已经离开了公司，其责任依然由公司负责。

关于员工离职的问题，《劳动合同法》中有明确的要求和规定，公司应严格按照《劳动合同法》的要求办理离职手续。如果员工向公司提出了超过《劳动合同法》规定的要求或请求，且没有损害到公司的利益，公司可以酌情答应。但是，公司方面也应该通过与员工签订书面协议的方式来保障自己的合法权益。

12.6　跳槽型离职员工的处理办法

小宋是一名IT工作者，目前供职于北京一家小型的IT公司。这家公司给小宋的工资是8000元，福利是五险一金。小宋对此还比较满意，

> 于是与公司签订了入职手续。后来，小宋与朋友聚会时谈到了各自的工资待遇问题。结果发现朋友们的工资都在1万元以上，他们的福利除了五险一金外还有各种补贴，包括餐补、车补、房补、高温补贴、取暖补贴等。
>
> 小宋开始对自己的工作待遇产生不满。此后，小宋一边工作，一边找工作。他心里想着：一旦找到了更好的工作，就跳槽。一段时间之后，小宋果然找到了一份工资待遇更好的工作。当接到入职邀请后，尽管小宋手上的任务还没有完成，他还是毫不犹豫地离开了自己现在供职的公司。

对于创业者来说，最不愿意碰到的就是跳槽型离职员工。他们往往不会提前提出离职申请，而是突然地离职。这就让公司处于被动的状态，在面对这种情况时通常都会有点措手不及。毕竟不论是员工招聘，还是工作交接，都需要一定的时间进行处理。

跳槽型离职员工的行为是对公司极度不负责任的行为。那么，公司应该如何应对这种情况？

首先，公司应该制定相应的规章制度，对员工的这种行为进行约束。例如，规定对跳槽型离职要扣除半个月工资，并将之写进员工手册和公司规章制度中。有了明确的规定和相对应的惩处措施，能够对员工起到震慑作用，员工也就不敢轻易选择随时跳槽离职。

其次，规则实施要严格。如果公司只是制定了相关规定和处罚措施，却没有付诸实际行动，这就相当于在告诉员工，这条规定其实是无效的。显然，这也不能起到应有的作用。既然制定了规定，公司就应该按照规定处理问题，在员工的心目中树立威信，从而让制度起到管理的作用。

最后，建立黑名单制度，并将跳槽型离职员工列入黑名单。从品质上来看，跳槽型离职员工属于品质上存在缺点的员工。这样的员工是难以对公司产生较强的认同感的，他们往往经不起利益的诱惑。所以对于公司来说，这类员工的存在是一个隐患。一旦遇到了，就应该将他们列入黑名单中，避免以后再录用。

12.7　事假型离职员工的处理办法

> 小周是一名网络工程师，最近，他以家里有重大事情需要处理为由，向公司请了3天假。可是请假时间到了之后，却迟迟不见小周来公司销假报到。而且当时处于月末，正是公司需要人手的时候。于是创业者让部门员工给小周打一个电话，试图确定小周复职的时间。结果小周告诉员工，他已经离职了。

像小周这种情况，就属于典型的事假型离职员工。起初是以事假为由离开公司，最终变成了真离职。与跳槽型离职员工相同的是，事假型离职员工同样没有提前30天提交离职申请。这也就意味着交接工作无法顺利完成，同样会给公司造成一定的损失。所以，对待这样的员工同样需要给出明确的处理办法。

《劳动合同法》中规定，如果劳动者在合同期内解除劳动合同，需要经过双方协商，并获得一致同意。如果公司不同意劳动者在合同期内解除合同，而劳动者执意要解除，那么劳动者应该向公司支付违约金。具体金额可依据劳动合同上的规定或者《劳动合同法》的规定。

因此，当公司遇到事假型离职员工时，可向他们索赔违约金，以此来降低对公司造成的损失。由于有劳动合同为证,即使是走法律程序,公司也处于绝对优势的地位。当然,这也告诉了创业者,在制定劳动合同的时候,应该要考虑到这些因素,并将之写进劳动合同中。

12.8 创业型离职员工的处理办法

对公司来说,还有可能会面临创业型离职员工。这类员工通常有着较为远大的抱负,他们之所以选择工作还有一个目的,就是想在工作中学习、积累各种经验,一旦时机成熟,他们就会毫不犹豫地离开原公司,开始自己的事业。那么,公司应该如何处理创业型离职的员工?

显然,员工选择的创业项目可能是自己所熟悉的、所从事的领域。这也就意味着,创业型离职员工将要与公司成为竞争对手。如果员工离职的同时还带走了公司重要的商业信息,那么日后可能会抢夺原本属于公司的利益。这对于公司来说是一个相当大的损失和隐患。

所以,当公司知道有员工因创业而离职时,第一时间要做的是确定该名员工在离职前所负责的具体工作内容。如果其中有涉及商业机密性信息,公司应该想办法更改信息,或者重新补充信息。总之,就是要让之前的信息失效。

与此同时,公司应该设法联系到该名离职员工,然后要求该员工按程序办理离职手续,签订离职协议。这里需要注意的是,公司在制定离职协议时,应该将商业信息保密要求写进去,并且在协议中写清楚泄露、盗用公司商业信息的惩处措施。这样即便日后离职员工使用了公司的重要商业信息,公司也可以以离职协议为证据起诉员工,通过法律途径来维护自己的合法权益。

与前两种离职员工相比,创业型离职员工的性质更严重,给公司带来的损失和潜在威胁也更大。因为这不只是失去一个优秀员工的问题，它还意味着公司在行业内又多了一位强劲的竞争对手。在这种情况下，公司为了维护自己的利益，只有尽量确保自己的商业利益不被侵犯，用离职协议来约束离职员工的行为，避免公司的重要商业信息被盗用。

这也说明了一个问题：公司在运营的过程中，凡是涉及公司核心利益的信息，都应该由创业者自己掌握，切记不要将重要的商业信息随便交到员工手中。当遇到侵犯自己合法的商业利益时，创业者应毫不犹豫地用法律武器来维护自己的权益。

12.9　不辞而别员工的解决办法

在日常工作中不排除有这样一类的员工，他们个性鲜明、追求自由，做事情从来不需要理由，只看心情。所以，当哪一天他们的心情不好了，就会毫无征兆地离开公司。不要说离职申请，甚至一个招呼都不打就离开了公司。这种不辞而别的员工是让公司感到最无奈的。

由于员工与公司之间签订了劳动合同，如果员工不辞而别，没有办理相关的离职手续，公司方面也没有任何处理措施，一旦员工发生意外情况，公司需要为之负责，因为双方还处于雇佣关系状态，受法律保护。

所以，当公司发现有员工不辞而别时，首先，公司应该向员工寄送一份《催告函》，其内容是催告员工返回公司正常上班，并且告诉员工，如果遇到了特殊情况，应向公司说明缘由，办理请假手续。除此之外，还要告诉员工，如果既不请假，也不返回公司，公司则有权单方面解除劳动合同。

其次，根据《催告函》发出后的回馈情况进行相应的处理。如果员工收到《催告函》后返回公司了，则按照公司的规则制度对其擅自离岗的几天记为旷工处理。如果员工收到《催告函》后依然没有反应，那么公司则单方面与其解除劳动合同关系。

最后,向员工邮寄《解除劳动合同通知书》。在寄送通知书之前,公司方面可以与员工进行联系,最好让员工本人前来公司办理相关离职手续。如果员工不能亲自来办理,则可以将离职协议等需要员工签字的材料一并寄送给员工,并让员工签好字后寄回公司。

如果员工因为擅自离职而给公司造成了一定的经济损失,公司可以向员工索要赔偿。《关于公司处理擅自离职职工问题的复函》(劳办发〔1993〕68号)中规定,未经公司同意,擅自离职的职工给公司造成损失的情况,可视其给公司造成损失的大小,责令其给予公司一定的经济赔偿。

另外,不辞而别的员工也应列入公司招聘的黑名单,这样的员工是典型的没有责任感的员工,他们不会考虑公司的利益,也就难以为公司做出较大的贡献。所以,这样的员工不应再被招聘到公司中。

12.10 带业务离职员工的解决办法

除了个性张扬型员工之外,还有任性型员工。他们不仅会说走就走,可能还会在离开的同时带走公司的业务,给公司带来损失,这类员工也是公司最无法容忍的类型。当公司面对这类员工时,一定要谨慎对待。最好是先了解员工离职的原因,尽量让员工返回工作岗位。如果员工执意不愿返回,那么对待这类员工绝不能姑息容忍,公司应该严肃处理。

众所周知,业务是公司生存发展的基础。公司没有了业务,犹如汽车没有了油,人体没有了血液。所以失去业务对公司来说,往往会造成致命的打击。而离职员工之所以能带走业务,是因为业务本来就是员工带来的。可以说员工在一些具体业务中发挥了巨大的作用。

基于这种情况,当公司遇到员工带业务离职时,首先应与员工进行沟通，了解其离职的真正原因。如果仅仅只是因为薪酬福利，公司可以提高员工的薪酬福利，让员工留下来，因为员工为公司所创造的价值是远超于此的。

其次，如果员工离职的原因不是薪酬问题，而是公司无法为之解决的问题，也就是说，公司不可能再留下该名员工了，这时公司应该安排其他的员工去与业务方洽谈，拦截下这一业务，避免给公司带来损失。

最后，公司就应该考虑与员工签订离职协议。为了保障公司的利益，公司一定要在离职协议中写清楚员工负责的业务归公司所有，这样能对员工的行为起到约束作用，制止员工带走公司的业务。

对于一个公司来说，各种类型的离职员工都有。为了减少员工离职给公司带来的损失，也为了降低员工离职给公司带来的风险，创业者事先应对员工的离职类型有一个大致了解，并根据这些离职类型制定相应的应对措施，防患于未然。

第13章

现金流管理：死亡螺旋时的解决办法

对公司来说，现金就是公司的血液，现金流就是公司的血液循环。公司想要生存，想要正常开展生产经营活动，就必须拥有充足的现金流。

13.1 死亡螺旋：一月不如一月，进入死亡的下旋

管理好现金流是创业者的重要工作之一。如果一个公司的销售量一个月比一个月差，公司业绩一个季度比一个季度差，那么这个公司就有倒闭的风险。

现金流比公司本身的盈亏更重要。创业者需要保证公司的账户上有足够的可以支配的现金，这样在公司遇到突发情况时才能够从容应对。

不过，很多创业者将关注的重点放在了营收上，觉得只要公司能够挣钱就能够将公司正常地运营下去，但是事实并非如此。例如，很多公司都涉及不少远期业务，如应收账款等，而公司的应付账款中还有很多需要近期支付的。所以，创业者要尽量控制好现金流，从长期的角度来规划现金流。很多创业者在公司运行稳定、现金充裕的情况下，不断将公司里的钱投资到新的项目，导致公司在紧要关头拿不出足够的钱应对危机，最终公司以倒闭告终。

当公司缺少足够的现金流时，一些创业者就开始自乱阵脚。这里为创业

者设定了三条经营线，即警戒线、生存线和死亡线。

现金流管理警戒线即公司的现金流能否支撑公司18个月的固定成本支出。更严重一点，如果公司的现金流难以支撑公司未来180天的固定成本支出，公司就已经突破了经营的生存线。如果公司的现金流难以支撑公司未来90天的固定成本支出，那么公司就会在死亡线徘徊，陷入倒闭危机之中。

因此，创业者要定期通过现金流量表了解现金流的余额，同时分析公司的业务规模、发展速度等，分析公司是否有陷入死亡的风险。如果发现公司的现金流已经难以支撑公司未来180天的固定成本支出，创业者就需要立刻做出补救措施，降低业务的扩张速度或压缩公司的开支等。

然而很多缺乏经验的创业者只有到现金流已经突破生存线甚至到了死亡线时，才开始意识到公司运营中的危险。这时，创业者将面临更大的生存困境。

为了避免公司陷入经营困境，创业者要在公司还处于正常运转时，就要合理安排好现金流的使用规划，同时为可能发生的现金流危机做好准备，以保证公司能够应对经营过程中突来的危机。

13.2 警戒线、生存线、死亡线

对于公司来说，公司一定要储备能够支撑公司未来18个月固定成本支出的现金流，这是公司经营的警戒线。这18个月的固定成本包括公司的场地费用和员工工资。

在公司的创办之初，公司很难产生正向的现金流，很难快速回笼资金，而固定成本是保证公司能够正常运转的基础。因此，创业者要严格把控现金流。当公司的现金流不足以维持公司未来18个月的固定成本支出时，就说明公司的经营已经跨入不安全的警戒线。

第13章 现金流管理：死亡螺旋时的解决办法

当公司踏入警戒线后，创业者需要尽快改进公司的经营目标，将公司的经营活动集中在能够快速获得收益的工作上，并设法回笼投出去的资金。同时，创业者要管理好现金流，将不必要的开支都省下来。

> 广州一家设计公司连续几个月都接到了大量的订单，并因为这些订单获得了丰厚的收益。公司最近的业绩让创业者开始认为这样的状况会持续下去，因此他想趁热打铁，扩大公司的规模，以便公司能够接到更多的订单。
>
> 该创业者将公司账上的大部分钱投入到公司的扩张活动中，同时将公司搬到了更大、更好的办公地点，想要用舒适的办公环境吸引更多出色的设计师加入。他还将原来租用的办公设备退还掉，购入了全新的办公设备，并高价聘请设计师，加大对公司的宣传力度。
>
> 然而好景不长，由于行业的市场状态不稳定，公司订单量大幅度下降。
>
> 这样的订单状况无力维持扩张后的公司运营，公司剩余的现金不能维持公司10个月的房租费用和员工的工资费用。更糟糕的是，市场环境并没有变好的迹象，公司入不敷出的情况最终导致公司没有挨过市场的寒冬。

想要公司拥有保证18个月固定成本支出的现金流，创业者要保持耐心，稳定地推动公司的发展，不要急于求成。

> 2018年12月，四川一家传媒公司倒闭，资金链断裂崩盘，由于公司拖欠员工三个月工资导致员工采用罢工的形式讨要工资。据员工反映，这家传媒公司倒闭是因为公司挪用客户300万元用来投资某高速公路项目，导致现金流断裂。

> 2019年8月,杭州一家网络课程公司的老板也被爆失联,公司陷入停工状态。知情人士透露,公司前段时间就出现过课程断供情况。至于公司停工、老板失联是由于老板前期投资房地产行业,资金未能在预期时间内回流,从而导致公司现金流断裂。

这两个案例告诉创业者:不管什么时候,创业者一定要为自己的公司保留180天的现金流,这是公司的生存线。

当公司面临180天生存线的时候,最直接的做法是开源节流、收缩支出,以保证公司能够活下来。

> 刘某是上海一家电商公司的创始人,在创业的第一年,也就是2017年赚到了人生中的第一个300万元。为了迅速做大做强,刘某在2018年3月扩大了招聘规模,公司人数由10人上升到40人。
>
> 2018年6月,刘某发现公司的产品销量急剧下滑。经调查发现,出现这种情况的原因是竞争对手为了抢占市场份额,正在低价促销。这时刘某果断跟进,比竞争对手卖价更低。
>
> 坚持了6个月后,刘某发现竞争对手实力雄厚,无法抗衡。这时除了应收账款外,公司只有120万元可使用资金。刘某决定先活下来,再图发展。
>
> 人力成本是刘某公司最大的一项开支,每月开支约35万元。为节省开支,刘某无奈辞退了部分销售、客服及设计人员。
>
> 刘某辞退员工时,主要依据以下三个原则。
>
> ① 是否短期内能够产生经济效益。

② 是否表现较差。

③ 辞退后，是否公司可正常运转。

在刘某辞退这些员工时，还有3名员工觉得公司发展前景不明主动申请了辞职。一周内，公司共离职29人，余下11人。尽管此时公司运转吃力，工作量巨大，但公司仍然能够运转。

刘某和家人商议后，决定周六、周日正常上班（员工不用上班）。刘某的妻子周六、周日来公司协助刘某处理一些简单的事务。

此后，刘某加大催款力度，并主动压缩其他开支。经过3个月的奋战，公司可调动资金达到200万元。尽管公司盈利大幅度减少，但是在短期内公司没有生存压力。

现金流危机会使公司陷入困境。公司的现金流除了有180天生存线，还存在90天死亡线，这是一条不容触碰的红线，一旦公司的现金流只能支撑公司90天的运营，就很可能代表公司踏入了死亡倒计时，这个时候创业者要利用一切办法，解决公司的现金流危机。

13.3　压缩固定成本，减少浮动成本

增加现金流的重要方式之一就是节流。公司要从固定成本入手，压缩固定成本可以是减少员工的数量、租用办公设备、将办公地址移至更便宜的地点等，可参照上节刘某的案例。

压缩固定成本的同时还要减少浮动成本，浮动成本主要是压低资源的进价，这就要求创业者在进货的方面做好功课，减少浮动成本。

（1）减少采购规模

减少采购规模能有效限制采购资源的浪费，提高资金的使用效率。找出以往采购资源中浪费的部分，利于实现最优的采购调配，能够有效地控制资金成本，从而达到控制采购项目的效果。

（2）寻找新的供应商

以服装为例，从厂家拿货显然会比从代理商拿货更便宜。在同等质量的前提下，从小厂家拿货会比大厂家便宜，其他的同样如此。创业者在经营稳定的情况下，可以寻找新的供应商以节省成本。

（3）延长付款周期

使用资金是有成本的，为了盘活流动资金，创业者可以要求供应商给予更长的付款周期。

在经营中，创业者需要建立全流程成本的概念，要对整个经营活动的总成本进行限制和降低。

13.4　钱是算出来的，每天与自己算账

成功的创业者提供的最有用的建议之一是现金为王。不管身处什么行业，盈利如何，一旦现金用完了，公司就很难继续下去。一个好的公司需要正向的现金流，每个月的银行账户里的收入至少要和支出资金相当，这是公司成长的每个阶段都需要监控的事情。

因此，创业者一定要每天计算自己的现金流量，制作现金流向表以及现金流预测表，明确收支，提前规避风险。

现金流向可以通过现金流向表进行管理。现金流向表主要回答两个核心问题：一是量的增减，现金与上期比是增加了还是减少了；二是现金的用途（流向），用于经营、投资，如表13-1所示。

第13章 现金流管理：死亡螺旋时的解决办法

> 王某是一家网站开发公司的创始人，公司创立5年现金流状况一直很好。原因在于他在创业早期就对现金流管理要求特别严格。
> ① 预留200万元现金作为意外风险金，非重大事故不得动用。
> ② 每天公司开支必须登记，每周汇总一次。
> ③ 设置黄线，如果当月亏损，停止招聘和大额开支。
> ④ 设置红线，如果季度亏损，缩小公司规模。
> ⑤ 每月设置50万元利润目标，并对完成情况进行记录。

表13-1 简易现金流向表

日期	摘要	进账	出账	余额
某月某日				
本月合计				

现金流向表较为简单，主要是让创业者明确资金都用在什么地方，从中分析有哪些地方的资金分配不合理、哪些地方需要补充，从而节省支出，减轻公司现金流压力。

为什么现金流预测必不可少？因为现金流预测是一种简单的工具，它能让创业者在现金流出现问题之前就发现潜在危机，以便及时采取相应措施来应对，为创业者争取时间寻找解决方案，缓解现金流压力。

制作现金流预测表花费的时间不多，只需每天花几分钟更新数据即可。重要的是创业者要明白：这个工具的力量在于它的预测能力。一份基本的现金流预测表如表13-2所示。

表13-2 简易现金流预测表

现金流预测报告							
<td colspan="8" align="right">年　　月　　日（日表）</td>								
日期	往来单位	应收款额	应付款额	现金余额	银行存款余额	账面余额合计	可用款项

注：以上金额单位为元。

建立现金流预测表需要一些基本信息，包括公司的业务资金进出情况、每个月的定期支出，比如房租、工资等固定成本。创业者需要记下花掉的每一分钱，必要时要核对最近的银行账单。

在填表前，创业者需要把所有的账单做一个分类组合，比如通信费用、差旅费等。

除此之外，创业者还要估算每个月的收入数据。创业者可以先把归于一类的数据放在一起，这有助于保持现金流量表的简洁、直观。但创业者要明确，数据不能脱离实际、要在现有的业务基础上进行预测，而且这只是一个预估数据，很可能与实际情况存在差距。

创业者列完支出和收入后，就可以得到本月的现金存款余额，这个数字应该保持与银行报表和财务计划相匹配，通过对比发现账户上的错误。现金流预测表为创业者计算每个月是否有现金流量（即每月业务资金的进出情况），以及它对创业者的银行账户有什么影响。

创业者需要做的就是每天记下每一笔支出和收入，每周更新现金流预测表，定期进行总结。如果现金流预测表显示公司可能会在180天内用完全部现金，那么至少现在创业者还有足够的时间去寻找解决现金流问题的方法。

除了用于预测现金流，创业者还可以利用现金流预测表预测不同的业务对现金流的影响。比如，主要客户遇到资金流转问题2个月没有付款，公司的现金流会怎么样？主要供应商要求提前付款怎么办？公司是否有足够的资金用于支付？可见，现金流量预测表还能直观地展现公司的未来营收，让创业者可以全面检测公司的营运状况。

很多公司的报表利润很高，但是公司却突然就倒闭了。为什么？因为利润不代表有多少现金，创业者应该每天看现金流量表，再看损益表。利润低不代表一定会死，但现金流出了问题，死亡概率就会上升。

13.5 加强公司现金流管理

明确现金流的重要性后，创业者还要加强公司的现金流管理。创业者应该注意以下管理。

（1）编制现金预算，加强资金调控

现金预算是现金流管理的主要内容。通过现金预算，掌握现金流入、流出情况，及时补足余额。创业者要按一定的收入提取一定比例的准备金，预防经营风险，避免公司出现现金流的断裂危机。

（2）建立健全现金流财务管理制度

建立健全公司财务管理制度也是十分重要的，每一笔应付款以及预付款都应进行严格的预算、核算，以制度保证资金的收支平衡。

（3）加强现金流量管控

加强现金流量管控要进行现金流量和流速的管理。在不同时期，公司的现金需求量会存在较大且难以预知的变化，为更好地利用现金，创业者要按照经验和公司的实际发展情况，制定公司的现金额度，从理论上接近上限。

（4）现金流财务管理信息化

电子信息和大数据等技术的发展为公司现金流管理提供了更为便利的条件。为实现公司向上发展，创业者要及时更新财务管理方式，利用现代化数据信息，节约公司财务管理成本，提升公司管理效果。

现金流财务管理信息化可以对财务数据进行整合归纳，具有快速查找和精确分析等功能。信息化不仅可以提高现金流信息的传递效率，还能增强现金流数据的收集分析能力，加强公司现金流管理。

（5）采取融资渠道多元化

多元化的融资渠道为公司提供了多种获得充足现金流的渠道，减少了公司现金流出现断裂的可能。

（6）加强公司现金流管理意识

现金流是否合理流动最终取决于相关员工，因此，要及时培训和更新公司相关人员的财务知识，提高现金流风险管理意识。

上海有一家发展势头非常好的公司，在账面利润率达到20%、资产达300万元的情况下却倒闭了。原因是这家公司到期不能偿还债务，最终在创业者的请求下，该公司进行了破产清算。

不过一直到现金流断裂，这家公司的创始人一直没有觉察到公司现金流出现问题。由此可以看出，这家公司的创业者并没有现金流意识。

而广东一家营销公司就非常重视现金流管理，虽然技术与设备的现金支出很多，但这家公司的现金流非常充足，原因就在于它大量利用了现金流时间差。每天银行下班前，这家公司的财务人员会将余额汇总。

第二天早晨，这家公司的创业者就能根据这笔资金总额，对资金进行合理地划分和分配。比如说今天要去采购设备，要花多少钱，创业者凭借已批复的申请单直接划拨出去，哪个员工需要出差，就直接划过去，用不完的钱回流到总账户。

这样既做到了控制总量，又能把控整个资源，将资金安排简单化处理。同时，这家公司每周还会公报一次现金流量表，对现金流入流出明细进行汇总。

从这两个案例我们可以看出，对公司而言，现金流量管理的重要性甚于公司的日常管理。

附录

附录1 《中华人民共和国公司法》核心摘要

第一条【立法宗旨】 为了规范公司的组织和行为，保护公司、股东和债权人的合法权益，维护社会经济秩序，促进社会主义市场经济的发展，制定本法。

第五条【公司义务及权益保护】 公司从事经营活动，必须遵守法律、行政法规，遵守社会公德、商业道德，诚实守信，接受政府和社会公众的监督，承担社会责任。

第六条【公司登记】 设立公司，应当依法向公司登记机关申请设立登记。符合本法规定的设立条件的，由公司登记机关分别登记为有限责任公司或者股份有限公司；不符合本法规定的设立条件的，不得登记为有限责任公司或者股份有限公司。

法律、行政法规规定设立公司必须报经批准的，应当在公司登记前依法办理批准手续。

公众可以向公司登记机关申请查询公司登记事项，公司登记机关应当提供查询服务。

第二十条【股东禁止行为】 公司股东应当遵守法律、行政法规和公司章程，依法行使股东权利，不得滥用股东权利损害公司或者其他股东的利益；不得滥用公司法人独立地位和股东有限责任损害公司债权人的利益。

公司股东滥用股东权利给公司或者其他股东造成损失的，应当依法承担赔偿责任。

公司股东滥用公司法人独立地位和股东有限责任，逃避债务，严重损害公司债权人利益的，应当对公司债务承担连带责任。

第四十七条　董事会会议由董事长召集和主持；董事长不能履行职务或者不履行职务的，由副董事长召集和主持；副董事长不能履行职务或者不履行职务的，由半数以上董事共同推举一名董事召集和主持。

第四十九条　有限责任公司可以设经理，由董事会决定聘任或者解聘。经理对董事会负责，行使下列职权：

（一）主持公司的生产经营管理工作，组织实施董事会决议；

（二）组织实施公司年度经营计划和投资方案；

（三）拟订公司内部管理机构设置方案；

（四）拟订公司的基本管理制度；

（五）制定公司的具体规章；

（六）提请聘任或者解聘公司副经理、财务负责人；

（七）决定聘任或者解聘除应由董事会决定聘任或者解聘以外的负责管理人员；

（八）董事会授予的其他职权。

公司章程对经理职权另有规定的，从其规定。

经理列席董事会会议。

附录2　《中华人民共和国劳动合同法》核心摘要

第八条　用人单位招用劳动者时，应当如实告知劳动者工作内容、工作条件、工作地点、职业危害、安全生产状况、劳动报酬，以及劳动者要求了解的其他情况；用人单位有权了解劳动者与劳动合同直接相关的基本情况，劳动者应当如实说明。

第十一条　用人单位未在用工的同时订立书面劳动合同，与劳动者约定的劳动报酬不明确的，新招用的劳动者的劳动报酬按照集体合同规定的标准执行；没有集体合同或者集体合同未规定的，实行同工同酬。

第十七条　劳动合同应当具备以下条款：

（一）用人单位的名称、住所和法定代表人或者主要负责人；

（二）劳动者的姓名、住址和居民身份证或者其他有效身份证件号码；

（三）劳动合同期限；

（四）工作内容和工作地点；

（五）工作时间和休息休假；

（六）劳动报酬；

（七）社会保险；

（八）劳动保护、劳动条件和职业危害防护；

（九）法律、法规规定应当纳入劳动合同的其他事项。

劳动合同除前款规定的必备条款外，用人单位与劳动者可以约定试用期、培训、保守秘密、补充保险和福利待遇等其他事项。

第十九条　劳动合同期限三个月以上不满一年的，试用期不得超过一个月；劳动合同期限一年以上不满三年的，试用期不得超过二个月；三年以上固定期限和无固定期限的劳动合同，试用期不得超过六个月。

同一用人单位与同一劳动者只能约定一次试用期。

以完成一定工作任务为期限的劳动合同或者劳动合同期限不满三个月的，不得约定试用期。

试用期包含在劳动合同期限内。劳动合同仅约定试用期的，试用期不成立，该期限为劳动合同期限。

第二十四条　竞业限制的人员限于用人单位的高级管理人员、高级技术人员和其他负有保密义务的人员。竞业限制的范围、地域、期限由用人单位与劳动者约定，竞业限制的约定不得违反法律、法规的规定。

在解除或者终止劳动合同后，前款规定的人员到与本单位生产或者经营同类产品、从事同类业务的有竞争关系的其他用人单位，或者自己开业生产或者经营同类产品、从事同类业务的竞业限制期限，不得超过二年。

附录3 《中华人民共和国合同法》核心摘要

第九条 当事人订立合同，应当具有相应的民事权利能力和民事行为能力。

第十二条 合同的内容由当事人约定，一般包括以下条款：

（一）当事人的名称或者姓名和住所；

（二）标的；

（三）数量；

（四）质量；

（五）价款或者报酬；

（六）履行期限、地点和方式；

（七）违约责任；

（八）解决争议的方法。

当事人可以参照各类合同的示范文本订立合同。

第三十九条 采用格式条款订立合同的，提供格式条款的一方应当遵循公平原则确定当事人之间的权利和义务，并采取合理的方式提请对方注意免除或者限制其责任的条款，按照对方的要求，对该条款予以说明。

格式条款是当事人为了重复使用而预先拟定，并在订立合同时未与对方协商的条款。

第四十二条 当事人在订立合同过程中有下列情形之一的，给对方造成损失的，应当承担损害赔偿责任：

（一）假借订立合同，恶意进行磋商；

（二）故意隐瞒与订立合同有关的重要事实或者提供虚假情况；

（三）有其他违背诚实信用原则的行为。

第四十三条　当事人在订立合同过程中知悉的商业秘密，无论合同是否成立，不得泄露或者不正当地使用。泄露或者不正当地使用该商业秘密给对方造成损失的，应当承担损害赔偿责任。

第四十五条　当事人对合同的效力可以约定附条件。附生效条件的合同，自条件成就时生效。附解除条件的合同，自条件成就时失效。

当事人为自己的利益不正当地阻止条件成就的，视为条件已成就；不正当地促成条件成就的，视为条件不成就。

第四十七条　限制民事行为能力人订立的合同，经法定代理人追认后，该合同有效，但纯获利益的合同或者与其年龄、智力、精神健康状况相适应而订立的合同，不必经法定代理人追认。

相对人可以催告法定代理人在一个月内予以追认。法定代理人未作表示的，视为拒绝追认。合同被追认之前，善意相对人有撤销的权利。撤销应当以通知的方式作出。

第五十二条　有下列情形之一的，合同无效：

（一）一方以欺诈、胁迫的手段订立合同，损害国家利益；

（二）恶意串通，损害国家、集体或者第三人利益；

（三）以合法形式掩盖非法目的；

（四）损害社会公共利益；

（五）违反法律、行政法规的强制性规定。

第五十三条　合同中的下列免责条款无效：

（一）造成对方人身伤害的；

（二）因故意或者重大过失造成对方财产损失的。

附录4 《中华人民共和国税收征收管理法》核心摘要

第十五条 企业，在外地设立的分支机构和从事生产、经营的场所，个体工商户和从事生产经营的事业单位自领取营业执照之日起三十日内，持有关证件，向税务机关申报办理税务登记。税务机关应当于收到申报的当日办理登记并发给税务登记证件。

工商行政管理机关应当将办理登记注册、核发营业执照的情况，定期向税务机关通报。

其他个人纳税人应当在居住地税务机关办理税务登记。

税务机关应当建立纳税人识别号制度。

本条第一款规定以外的纳税人办理事务登记和扣缴义务人办理扣缴税款登记的范围和办法，由国务院规定。

第十六条 从事生产、经营的纳税人，税务内容发生变化的，自工商行政管理机关办理变更登记之日起三十日内或者在向工商行政管理机关申请办理注销登记之前，持有关证件向税务机关申报办理变更或者注销税务登记。

第十八条 纳税人按照国务院税务主管部门的规定使用税务登记证件。税务登记证件不得转借、涂改、损毁、买卖或者伪造。

第十九条 纳税人、扣缴义务人按照有关法律、行政法规和国务院财政、税务主管部门的规定设置账簿，根据合法、有效凭证记账，进行核算。

第二十条 从事生产、经营的纳税人的财务、会计制度或者财务、会计处理办法和会计核算软件，应当报送税务机关备案。

纳税人、扣缴义务人的财务、会计制度或者财务、会计处理办法与国务院或者国务院财政、税务主管部门有关税收规定抵触的，依照国务院或者国务院财政、税务主管部门有关税收的规定计算应纳税款、代扣代缴和代收代缴税款。

第二十一条　税务机关是发票的主管机关，负责发票印制、领购、开具、取得、保管、缴销的管理和监督。

单位、个人在购销商品、提供或者接受经营服务以及从事其他经营活动中，应当按照规定开具、使用、取得发票。

发票的管理办法由国务院规定。

第三十四条　纳税人可以依照法律、行政法规的规定书面申请减税、免税。

减税、免税的申请须经法律、行政法规规定的减税、免税审查批准机关审批。地方各级人民政府、各级人民政府主管部门、单位和个人违反法律、行政法规规定，擅自做出减税、免税决定无效了，税务机关不得执行，并向上级税务机关报告。

第五十八条　税务机关依法进行税务检查时，有权向有关单位和个人调查纳税人、扣缴义务人和其他当事人与纳税或者代扣代缴、代收代缴税款有关的情况，有关单位和个人有义务向税务机关如实提供有关资料及证明材料。